Ecological Aesthetic Education Case Studies from the Perspective of Urban Space

城市空间视域下生态美育
案例集

杨方伟　李杰　倪昆　著

重庆大学出版社

图书在版编目（CIP）数据

城市空间视域下生态美育案例集 / 杨方伟，李杰，
倪昆著 . -- 重庆：重庆大学出版社，2024.11.
ISBN 978-7-5689-4902-6

Ⅰ . G40-014

中国国家版本馆 CIP 数据核字第 20243A8093 号

城市空间视域下生态美育案例集

CHENGSHI KONGJIAN SHIYU XIA SHENGTAI MEIYU ANLIJI

杨方伟　李　杰　倪　昆　著

责任编辑：蹇　佳　　版式设计：原豆文化
责任校对：王　倩　　责任印刷：张　策
*
重庆大学出版社出版发行
出版人：陈晓阳
社址：重庆市沙坪坝区大学城西路21号
邮编：401331
电话：（023）88617190　88617185（中小学）
传真：（023）88617186　88617166
网址：http://www.cqup.com.cn
邮箱：fxk@cqup.com.cn（营销中心）
全国新华书店经销
印刷：重庆亘鑫印务有限公司
*
开本：787mm×1092mm　1/16　印张：14.5　字数：282千
2024年11月第1版　　2024年11月第1次印刷
ISBN 978-7-5689-4902-6　　定价：98.00元

编委会
Editorial Committee

学术顾问

谢亚平 郭 昕 孙 莉

学术支持

李 杰 倪 昆 王娅蕾 张 意 蓝庆伟 丁奋起 杨 静

撰稿人

李 杰　　A4 儿童艺术馆馆长

倪 昆　　器·Haus 空间联合创办人、策展人

阮溪边　　原·美术馆展览部负责人

杨 静　　四川师范大学　芬兰于韦斯屈拉大学艺术史博士

丁奋起　　广汇美术馆　运营总监

杨方伟　　四川美术学院　艺术学博士　硕士生导师

杜永琪　　四川美术学院　美术教育研究与实践

王雨桐　　四川美术学院　社会美育实践与理论研究

康刘星灵　四川美术学院　美术教育研究与实践

熊嫣如　　四川美术学院　美术教育研究专业

任 欢　　四川美术学院　美术教育研究专业

张紫菡　　四川美术学院　美术教育研究专业

刘昭邑　　成都大学　艺术管理专业　现任教于成都艺术职业大学

李 琦　　成都大学　艺术管理专业　青年策展人

黄守英　　成都大学　美术教育

龚睿博　　四川大学　汉语言文学

卢蕴烊　　四川大学　汉语言文学

张乔松　　四川大学　新闻学

肖语新　　四川大学　汉语言文学

王心怡　　四川大学　汉语言文学（拔尖计划）

前言
Preface

　　1870 年哈佛大学法学院院长兰德尔开启了案例研究法的序幕，随后国际学界都将案例分析研究作为有效的方法运用于教学之中。案例教学法强调以现实作为认识论的基础，从众多事件中提取典型案例，通过梳理事件的过程，将一连串的事件信息、故事文本整合为具有思辨性的逻辑框架。案例教学法不同于理念推演的论证范式，通过归纳、演绎、概念剖析，将结论先入为主地植入到学习者的观念之中。案例教学法强调研究者、学习者共同参与，与案例之间形成一种互动关系。研究者能够抛开理论的藩篱，长驱直入地用客观纪实的手法将事件的完整过程收录其中，用自己的视角提取出思辨性的框架，形成具有开放性、情境感的故事文本，以供学习者参考与讨论。对于学习者而言，案例学习类似于展开一系列微小说、微戏剧，案例中的角色、情节都能将学习者嵌入到真实具体的人和事中，在开放性的信息中获得自己的理解与结论。

　　案例分析研究法对于美育实践和理论研究而言也是一种有效的工具和方法。美育既是一种教育，又不同于一般意义上的美术教育，原因就在于美育的内核是注重发于心，融于情的感知理解过程。这个过程可以是参与者亲身实践，也可以是通过具体案例情境展开的带入体验。美育理念、实践方式与案例教学机制具有天然的适配性，都是在过程与体验中获得启发与参照，都强调共同参与、多元互动。

　　今天，四川美术学院正置身于充满活力的美育现场，如何更好地推动其发展，成为美育行动者，甚至以前瞻性的眼光带动有创新价值的学术生产，是四川美术学院作为教育与研究机构需要思考和面对的问题。在美育教育观念的转向中，美育实践与美育研究是一种一体两面，互为驱动的关系，是一种在行动中反思的模式。研究就是反思，反思就是不断对美育现场进行讨论，厘清其内在的美学原理，确认其美育价值。美育案例分析研究作为一种具体的方法，穿插在美育实践与理论研究之间，迅速对正在发生的现场进行反馈。这种反馈并非价值判断，也不是对发展趋势的预期，而是从教学的角度，带着学习者的眼光对发生在各个地方空间、社会场域的案例进行汇编整理、分类归纳，提炼有效的行动路径。

本次生态美育案例集的写作研究正是基于这样的出发点而展开，以美育教学中的问题思考作为内在驱动力，寻找能够纵贯美术史的艺术、美学与公共领域相互交织的线索，通过具体的案例将前沿的美育实践与公共艺术范式转化的过程连接起来。另外一方面，也试图以跨域研究的方法回应"生态性"作为一个生态学概念如何进入到艺术领域，并成为一种既与自然感知紧密相关，又融入社会建构的美学观念？当生态意识成为美育实践所保持的一种美学、社会学观念的时候，具有"生态"属性的美育实践与其他艺术类型又有什么样的区别？以"生态"为前缀的美育案例研究能否跳出自然主义的自我设定，获得更开阔的视野？

生态美育案例研究可以是对具体生态型案例分析梳理，同时也可以将自身视为一个开放的，具有生长性的场域，邀请学界研究者、实践者、学习者共同参与写作，用文字语言表达构成另外一张行动者网络。行动需要一个坐标，所以本次案例集以学院美育实践、教学思考作为出发点，以成都、重庆两座城市作为半径画出"成渝双城"的空间框架。这个空间包含生长在其中的行动者，也包含他们与社区空间、美术馆空间互动的方式；以及在城市历史视角下，城市不断更新的过程中，艺术、美育与这座城市的公共空间构成的独特的文化肌理。

"成渝双城"的城市坐标下设置了 A4 美术馆、原·美术馆这样的空间节点，因为今天美术馆空间在某种程度上可以作为一座城市公共职能的缩影，能够反映出城市公共领域演变的特质。成都 A4 美术馆自 2014 年起发起"iSTART 儿童艺术节"持续至今，已将近十年，在这条时间线上"iSTART 儿童艺术节"通过艺术的方式对"儿童群体"进行身份确认、教育赋能；从"小策展人""小编辑部"这样赋权儿童的项目生长出连接乡村的"T+计划"深入讨论教育机制的"游戏学校"主题；每年的"iSTART儿童艺术节"中包含了众多的艺术、公教、共创项目，在视觉系统之外回应关于儿童教育、社区、社群、城市的问题。原·美术馆又以另外一种"城市性格"对重庆这座山地城市空间中的艺术、教育进行表述。原·美术馆推出的"O'Kids儿童艺术节"以"儿童友好城市"作为内在命题，持续贯穿在历届艺术节中，实际上是以提出问题的方式来回应"重庆这座城市应该生成怎样的空间才能表现出更好的包容性？"所以"O'Kids儿童艺术节"会强调艺术创造的在地性、创新教育的实验性、城市替代空间的生长性。"O'Kids儿童艺术节"围绕着艺术、教育、儿童与城市关系进行提问，试图以艺术原力聚合起分散在城市中的"游牧者"，一起讨论城市空间中的艺术生长与生活。

围绕着"成渝双城"城市坐标下的"iSTART儿童艺术节""O'Kids儿童艺术节"展开的美育案例研究，同时也是四川美术学院研究生教育改革的一个面向，通过"研究生联合培养基地"将学科、专业建设延伸到社会场域、美术馆空间，与更多教育行动者、创新教育群体形成更紧密的交织。"研究生联合培养基地"同样以"案例集"研究作为工作方法，让实习不只停留于工作岗位的职业体验，而是通过研究性学习让实习生深入了解项目策划背后的思考与观念，在案例调研、项目参与、艺术家采访的过程中看到更真实的社会，以及个体在其中的处境与选择。由于大量研究生同学的参与，生态美育案例集的研究写作本身也具备了一种"生长、共生"的特质。"培养基地"将教育实习与美育实践纳入文化空间营造、公共艺术连接、社会现场对话的关系，从美育角度将研究生的学术成长与城市空间背景下的自然、社会、创新教育、美术馆空间紧密联系起来。

在"生态美育实践案例"研究写作过程中，将深入探讨"生态性"如何以"动态关系"演化的分析模式，将艺术与公共空间作为一个有机整体，从中展现艺术家、公众共同参与"空间关系再生产"的过程。另外一方面，"生态美育"作为一种类型化的研究视角，需要在实践案例中发掘出那些具有"整体性、系统性"的生态思维，探索这种思维如何激发艺术家、美育工作者、参与者独特的感知经验与艺术表达。

因此，"生态美育案例集"研究写作不仅仅是简单的案例汇编整理，它是以特定视角展开的专题研究，是以"同行者"的姿态汇入到流动变化的现场，作出直观选择与判断。在具体的美育案例分析研究中，每一位研究者都需要自主学习，自定义目标，从美育与"生态性"的角度，全面探索"生态美育"的丰富内涵，更深层次地探讨人与自然、自我、社会之间的关系。参与其中的每一位研究者也是行动者，都以自身的思考、观察、创造力成为案例集中的"生长点"，这些"生长点"植根现在，连接过去，指向未来。

杨方伟

2024 年 2 月

目 录
contents

Chapter 2
iSTART 儿童艺术节中的社群构建与美育生态

Chapter 3

O'Kids 儿童艺术节的地理感知与艺术行动

Chapter 4

气候、水系、城市与艺术生态

绪 论

　　生态美育是一个开放的研究领域和实践现场，从概念上有广义和狭义的解释路径。广义上，"生态美育"概念根植于"生态美学"的认识论系统，强调自然审美所具有的普遍性、目的性，通过自然情境将欣赏者带入质朴、宁静的审美状态，形成超然的审美经验与自然情感。这一脉络上承康德审美判断先验性思想，经由席勒审美教育理念的发展，自然美作为激发个体的审美力、创造力的美学思想，形成最早生态美育的雏形。席勒认为审美状态与教育紧密相关，艺术不仅仅是为了审美本身，而是为了达到更高层次的道德教育。生态美育继承了席勒"审美教育是通往道德改善的路径"[1]美学观念，认为通过审美教育，个体可以从自然状态（由身体驱动）过渡到理性状态（由理性引导），从而达到道德的改善。[2]席勒之后，生态美育出现了向伦理化转向的趋势，追求自然、和谐、共生的教育方式，扩展了美感的范围，并赋予了自然感知更多教育意义。狭义上，随着 20 世纪 70 年代环境危机加剧，"生态美育"以环境保护作为出发点，围绕对自然环境的认知、保护展开一系列的教育、审美活动。在这个阶段"生态美育"有明确的诉求和目的，就是捍卫自然的权利，反省工业文明对自然生态造成的危害。从环境保护理念出发，一般的概念阐释都认为"自然"与"生态"是等效关系，与之相对的则是现代文明所包含的工业生产、生活方式以及商业活动。

　　而芝加哥学派从社会学路径出发，融合了生态学"整体性""多样性"的观念，用自然生态中物种、群系、群落与水土、气候环境相互依存、相互影响的关系搭建成为一个解释现代城市生息、发展、变化的模型。[3]在这个模型中，城市中生活的个体的处境、人口流动变化的动力获得了全新的解释，城市不再是自然环境的对立面，而是承载生活的容器，是个体与社会环境相互塑造共同生长的生态系统。所以，今天对生态美育展开研究的时候，需要在"自然"与"美育"之间带入"城市"的背景。将"城市"作为背景有两层含义，一方面是设定一个空间框架，将观察的目光聚焦于"附近"的现场，使其具有针对性与时效性。另外一方面则是希望能够借助芝加哥学派的社会生态学研究模型，获得新的解释框架，将生态美育与城市空间视为一个相互作用的整体，讨论城市中艺术、文化、社会意识生成的过程。

　　社会生态学秉持着生命的立场，将自然原则内化为现代性的社会要素，将自然中的

1　弗里德里希·席勒，《审美教育书简》，冯至、范大灿译，上海人民出版社，2002 年，第 15 页。

2　弗里德里希·席勒，《审美教育书简》，冯至、范大灿译，上海人民出版社，2002 年，第 45–46 页。

3　罗伯特·E. 帕克，伯吉斯，《城市：有关城市环境中人类行为研究的建议》，杭苏红译，商务印书馆，2020 年，第 6 页。

生态关系迁移到社会肌体之中，提供一种对今天城市空间与个体生存状态的观察视角。"生态学"跨越学科边界的渗透力的原因在于其内含了一种与"现代性"思想相逆的观念。"生态性"首先作为一种根植于动物学、植物学研究中的认识论，着眼于物种内部的"群落""群系"生存发展与环境之间的整体性，强调环境与个体之间相互影响的有机关系。这种有机整体的观念能够缓解、调和"工具理性"过度追求效率所造成的僵化、区隔、圈层壁垒。其次，"生态性"作为一种价值论，始终以生命为最高尺度，追求建立在自然节律上的平衡与循环，而不是一味追求技术进步所带来的效率提升。在方法论层面，"生态性"提供了从事物演化的过程分析内在因果逻辑的方法，从而展开了更为广阔的时空框架。

　　"生态性"对于"现代性"问题的调试与修正，在美育实践的场域反映为一种由内而外的教育观念演化。从启蒙时代卢梭倡导的"自然教育"旨在通过亲近自然环境，感受自然的节律，从世俗社会中恢复人类最本真的天性。其精神理想与席勒的"美育"思想不谋而合。席勒在《美育书简》中将审美作为实现"完整人性"的超越之途，通过审美抵御来自外部世界的冲击，在审美过程中把受到限制的本性再带回到"绝对状态"。"自然"的审美属性内在于人类感知经验之中，或者说自然教育就是一种审美感知的经验内化。然而，伴随着现代性的进程，自然教育观念的影响逐渐式微，尤其是进入电力时代以后，人与自然的连接变得弱化，为了适应新的生产关系，教育用系统的知识结构代替了自然审美的感知体验。不断细分的学科，越来越庞大的组织化结构，成为现代性追求标准化、模式化的必然趋势，在这样的趋势下个体的差异被工具理性所压制，层层累加的知识信息如同洪流一般淹没了个体的感知。

　　为什么今天教育资源的竞争如此激烈，而心理健康状况却不容乐观？为什么对于人工智能时代的到来并非所有人都欢呼雀跃，甚至大部分专家学者表现出忧虑。忧虑的本质在于人工智能强大的算力与算法可能会导致"个体性"的消失，这种个体性包含每个人与生俱来的差异性；由环境、文化、时间、经验所塑造出的心智状态；在社会关系中形成的特定身份角色所具有的价值立场；从失败和教训中获得反思与理解的能力。在这样的背景下，教育系统原有以知识掌握、积累为目标的模式正在受到人工智能技术的挑战，而作为"人"的心智、感知、思想以及创造力又该如何发展？

　　面对这样的问题，早在 20 世纪 30 年代经验主义教育观念的推动下就形成了关于教育实践方式的讨论与实验。在经验主义的教育理念中，这种实践方式的核心在于注重经验来源与真实世界之间的联系，社会是新的感知经验来源的场景，而艺术在实践过程中扮演激活感知，创造新经验的重要角色。正如 20 世纪 70 年代卡布罗在一系列关于艺术教育的文章中所强调的"艺术先天固有的教育本质"，艺术作品能够将人类既有的知识经验以感性化的方式传递给观众，同时也是一面映射着时代特质的镜子。

美育在艺术与公众之间的角色从传统手工艺技能的传授，转向更具公共性的社会行动。这种转向一方面源于经验主义教育观念对于个体在社会实践中学习的肯定，正如杜威所说"教育是一种社会化过程"，在社会场景中教育能有效将现实的问题转化为学习者的经验，形成共识性的社会意识。美育的实践场域不再局限于工作室、加工厂空间中的生产与制作，艺术家会进入到社区空间与居民交流，开展长时间的调研与观察，从而获得对真实社会具体的感知。艺术家所主导的公共艺术项目，邀请观众参与公共议题的讨论，在共创行动中完成身份角色的转换，整个过程可以看作是以艺术的方法在传递教育理念，实现个体与社群、个体与社会的感知连接。

如果将城市视为具有生长性、生命力的"有机体"，那么美育与城市的互动关系就不仅仅是视觉上的审美熏陶，而是全方位的空间、时间、情感、感知、经验生成的过程。美育的生态性内在于这个生成过程，同时对城市公共职能、空间状态、时间表征与生活在其中的个体产生影响。100 多年以前芝加哥学派就用社会生态学的解释框架对城市空间与其中的生产、生活、人口流动、社区文化进行了深入的分析。今天城市的功能与运作的复杂性远远超越过去，但是在"城市生态"的视角下，个体的情感、记忆与城市空间相互塑造的关系依然构成了社会生态的核心。社会生态学在生命时间、公共空间、社会关系中所展开"多维生态"的框架中，可以观察城市空间是如何作为社会组织化过程中个体与环境形成相互塑造的场所，一个充满流动性的生态系统。"多维生态"就是一种不断生长、不断更迭的循环，在城市空间中，美术馆、博物馆、社区、街道都是重要的空间节点，美育行动通过激活这些节点中的感性经验，不断生成个体与空间新的关系，将自然、社会与日常生活连接起来，产生新的感知。与此同时，在城市空间急速生成、变化的过程中，"多维生态"作为一种更具解释力的框架，对观察城市环境、文化空间、流动现场、美育行动与个体情感记忆的关系提供了新维度。并试图回答：美育实践能否在艺术史脉络、美学思想流变与社会现场交汇的过程中获得某种路径，从而形成跨学科、跨领域的融合交织？能否从不断生成的空间中理解艺术形态变化的内涵？以及在现代化的生活之中能否找到回返"自然状态"的方式？

Chapter 1

城市空间中的『多维生态』与艺术『游牧』

作为"生态场域"的城市空间

文 / 杨方伟

　　列斐伏尔的空间理论认为，空间是社会的产物，凝结着生产关系，并作为生产关系的载体。[1] 他强调空间既反映了结构化的社会秩序，也蕴含着社会关系重组的可能性。现代城市公共空间的兴起体现了新的社会关系重构的过程。1793 年，法国王室的卢浮宫将皇家收藏的艺术品向公众开放，不仅诞生了世界上第一座美术馆，同时也是现代城市进程中重要的标志。卢浮宫从封闭的私人空间转向开放的公共空间，其中储存的巨大信息、历史积累，通过艺术品的符号形式、视觉传播扩散到城市的各个角落，奠定了巴黎这座城市文化生态多样化的基础。巴黎作为现代城市的缩影，其空间变迁体现了公共空间的扩展和私人空间不断嵌入的趋势。这些城市公共空间的生成不仅是建立在物理空间的建造上，更多是依靠人在社会关系中的互动所形成的思想交汇、观念碰撞以及价值感知。诸如"格布瓦咖啡馆""新雅典咖啡馆""莎士比亚书店"这样的公共空间成为生活习俗和文化观念的汇聚地，见证了"印象派"的诞生，"存在主义"思潮的兴起，构成了充满活力和多样性的历史、文化关系。

　　自 1793 年巴黎的卢浮宫成为第一个现代意义上的美术馆以来，城市空间一直在快速重构和演变的过程中。艺术摆脱了仅被少数人视为身份象征的体制，以不同的形态进

巴黎城市空间

莎士比亚书店

1　亨利·列斐伏尔，《空间的生产》，刘怀玉等译，商务印书馆，2001 年，第 31 页。

入到"生活领域""自然领域""公共领域",通过激发新的关系结构、自然感知、时间经验,使得城市空间成为一个具有活力与丰富性的"有机体"。

1. 关系化的公共空间

城市空间是一个蕴含着丰富历史性和社会性的领域。生活空间与充满"流动性""消费性"的商业空间、生产空间构成了城市空间的双重维度。在这之间还存在着一个重要的"中间地带",即"公共空间"。"生活空间"的属性基于人性的塑造,满足个体在其中基本的生存需要,然而,生活空间是作为人性光辉的"培养皿",还是沦为消费主义的"单行道",关系到现代社会伦理价值的走向。公共空间营造不仅仅是物理实体空间的建造,其本质在于不同社会关系相互塑造的博弈,是生存空间生活化的"空间生产"。在效率化的运作模式之外,公共空间提供了另外一种可能性:熟悉或陌生的个体在这里相遇,通过彼此交流与分享激发出更丰富的感知经验。正如查尔斯·兰德利在讨论"创意城市"生活时所强调的,积极营造"第三空间"(公共空间)可以摆脱消费主义的"单向"循环,让个体与世界之间建立持续而深刻的感知连接,这是现代城市面临的重要议题。

巴黎市政广场公共空间

因此，在公共空间营造的过程中，艺术作为一种"催化剂"融入不同类型的空间结构之中，对空间中的人际关系、社会关系、感知方式产生影响。它以一种"动态关系"演化的方式在生活空间、公共空间、生产空间建立起连接。这使得符号、信息、情感、经验能够跨越既定的边界在不同空间中循环流动，成为具有生长性的生态系统。

社会生态学的生态模型拓宽了艺术本体语言、观念的研究视野，将艺术体制的范式演变置于更广阔的历史和社会的"时空维度"中。它展现了艺术作为一种"社会中介"，如何在城市的"关系场域"中自然生长、细密连接。艺术通过行动的方式介入到自然空间、生活空间、美术馆、博物馆，将艺术的感知作用于个体的情感、记忆，激活麻痹的知觉感官，从而形成对城市社会生态的影响与调适。当代艺术的前卫实践也清晰地展现出个体与社会、自然、文化相互联系、影响的过程。在 20 世纪 60 年代以后，前卫艺术从单一的反叛策略的框架中延伸出了具有生态意识的社会实践。自现代艺术发轫以来，艺术家持续进行着各种关于艺术本体的形式、媒介、观念探索，什么是艺术的定义不断被突破，博伊斯"社会雕塑"的观念，开启了艺术从形式、媒介、视觉的观念范式转向社会性关系的建构。

博伊斯 1982 年在卡塞尔文献展上的作品《7000 棵橡树》并非视觉性的艺术创作，而是通过栽种橡树的行动探索构建全新"共同体"的实践与想象。《7000 棵橡树》是博伊斯"社会雕塑"理念的延伸，试图激发人们对于艺术与社会关系的思考。观众认领并栽种的橡树，并不具有视觉形式上的意义，而是对于某种由艺术家提出的社会理想的实践。"7000 棵橡树"是一种泛指，其真实的指涉在于，以艺术为契机的社会关系的连接。法国艺术理论家尼古拉斯·伯瑞奥德（Nicolas Bourriaud）提出的"关系美学"理论及其所影响的艺术实践，承接了博伊斯"社会雕塑"的观念，不断回应"关系"作为媒介如

约瑟夫·博伊斯，7000 棵橡树，1982 年

何构建一种新的人际交往的可能性。20世纪90年代以后,在更宽泛的社会语境中,"关系美学"可以看作是生态意识在艺术实践中的延伸。生态艺术实践与文化生成具有某种同构关系,二者的运作机理都是以社会的外在环境和人的生活经验为前提。所以当我们讨论艺术的生态性的时候必然绕不开城市文化所构成的外部环境,以及公共艺术通过视觉化、符号化赋予城市空间精神内涵的方式。[1]

2. 公共空间中的"关系自律"

城市化发展催生出一系列自然空间、公共空间、生存空间形态上的变化,这种变化拓展了艺术生态的空间尺度和价值界域。艺术不仅在媒介材料与形式语言的审美范畴上演变,同时关注"人与自然""人与社会""人与自我"的关系,并针对自然环境、生存空间、社会文化所衍生出的问题展开讨论。在这个过程中,艺术实践的空间路径从自然空间转向了公共空间,从个人化的空间表达转向了社会性的空间连接。正如亨利·列斐伏尔所说"空间里弥漫着社会关系"[2],伴随着城市化进程,艺术演变的内在驱动力与公共空间的生产模式紧密相关。因为,无论是美术馆、博物馆僵化的机制还是工业化大生产对环境造成的破坏,抑或是消费主义的符码系统对公共领域的支配,本质上都是社会关系在公共空间上的投射。列斐伏尔也清楚地看到,艺术实践是打破这种固化的社会关系,创造空间差异性的有效途径。艺术所包含的不仅是某种艺术实践类型,更重要的是以生态学的"有机"观念和"整体"视角来看待自身与社会的公共关系。[3]

公共艺术从来都是城市公共关系的象征。20世纪60年代,美国政府推动了一项名为"艺术百分比"[4]的计划,旨在通过公共艺术提升城市和社区的文化氛围,以艺术作为中介促进群体的融合,从而解决一系列社会问题。随着计划的推进,在城市市政广场、文化街区出现了大量的公共雕塑,而理查·塞拉在纽约联邦广场上的公共雕塑《倾斜的弧》却引发了艺术与公共空间互动关系的讨论。从艺术史的视角来看,这桩公案将究竟什么是公共艺术?公共艺术究竟为谁?这样的问题摆在艺术家和评论家面前,激烈的讨论以及艺术家姿态的变化本质上反映了新的公共关系范式与艺术主体性问题。从城市空间角

1　杨方伟,《城市空间视域下的生态艺术实践》,载《都市文化研究:城墙内外的历史与现实》第24辑,上海三联书店,2021年,第393–406页。

2　Henri Lefebvre,*Space:Social Product and Use Value*,*Critical Sociology:European Perspective*,1979,p.286.

3　杨方伟,《城市更新背景下生态艺术行动路径》,载《都市文化研究:知识、权力与城市》第27辑,上海三联书店,2022年。

4　苏珊·雷西,《量绘形貌:新类型公共艺术》,吴玛悧等译,远流出版事业股份有限公司,2004年,第30页。

度来看，更重要的是意识到空间本身似乎具有某种"自律性"，它对艺术作品、艺术家的个人意志会产生反弹的抵触反应。这种公共空间"自律性"正是根植于公众的日常感知以及空间蕴含的公共关系。

理查·塞拉的作品《倾斜的弧》与公众博弈的过程，从某种意义上完整地展示了艺术与公共空间互动融合的过程与机理。理查·塞拉认为《倾斜的弧》从一开始就设定为是一件为联邦广场特别创作的雕塑，其规模、大小和位置，都是根据联邦广场的地形、环境以及文化属性来确定的。他认为作品不仅仅是一般意义上的公共雕塑，而是将成为广场空间的一部分，并通过文化意义和空间上的重组来改变广场的感知结构。然而，在公众看来，《倾斜的弧》完全背离了行人通过广场的空间动线，完全是艺术家在公共空间中傲慢的自我主张和对公众习惯的挑战。

理查·塞拉，倾斜的弧线，纽约联邦大厦广场，1981—1989 年

争议的背后隐含着公共艺术与公共关系模式的演变。文艺复兴以来的公共雕塑通常作为建筑空间的视觉补充，用以彰显共同信念的纪念碑存在。这种模式以文化和精神共识为前提，艺术家通过精湛的才华，将神话故事、宗教寓言以雕塑的形式展现在公共空间，成为城市公共精神的象征，激发公众的自豪感与地方认同。在这种模式中，艺术家并不具有个人价值观念的建构，仅仅在公共空间完整统一的意志中输出精湛的技艺。

《倾斜的弧》在联邦广场公共空间中引发的争议，从某种意义上反映了现代主义艺术与公共空间的新关系。现代主义艺术家的创作逻辑不再是完美再现某一主题的经典瞬间，而是将视觉与知觉作为出发点，通过形式要素、物质材料反映个体的情感和生命状态。"特定场域"雕塑完成了从视觉形象到身体感知的迁移，公共空间中的雕塑成为心理空间向物理空间的延伸。艺术家开始针对城市环境、特定场域进行思考，让作品不仅仅是一件独立的雕塑，而是与空间的环境、文化属性、身体感知产生意义上的关联。

在理查·塞拉的创作观念中，通过切割联邦广场空间，在结构上与联邦广场形成一种矛盾性的对话关系，"凸显在联邦广场等公共空间中被压抑的社会矛盾，使雕塑的观赏主体能够感知到这种矛盾"[1]。理查·塞拉将广场的物理空间、社会意涵视为另一种媒介，雕塑语言的"他者"，共同构成作品的意义，体现了"艺术即公共空间"的结构模式。在公共艺术话语内部也认为，与建筑空间、社会经验、身体感知融为一体的作品能够引起公众广泛的交流与互动，会获得更大程度上的支持。然而，《倾斜的弧》所引发长达 9 年的争议，最终从联邦广场移除。这样的结果可以看到，作为美术馆延伸的创作模式在公共空间中的冲突，与此同时深刻地反映了"空间是关系的载体"[2]的社会学观念。公众的意志与艺术家对于空间设想的冲突，共同构成了新的"社会关系"的驱动力。正是这种冲突关系挑战了公共空间原有的统一与单一，触发了"社会关系再生产"的艺术机制。

3. 自然关系中的"空间生产"

大地艺术运动兴起于 20 世纪 60 年代，艺术家选择远离城市，在沙漠和旷野等自然场域中进行创作。然而，从艺术家对美术馆权力机制的反叛方式上看，大地艺术实际上是对"空间关系"演化的延伸。这种艺术形式充满了对自然的挑战，同时也挑战了美术馆固化的权力体制。他们的工作涉及重新定义"艺术家工作室—策展人—美术馆"固有

1　全美媛，《接连不断：特定场域艺术与地方身份》，张钟萄译，中国美术学院出版社，2021 年，第 64 页。

2　Henri Lefebvre，*The Production of Space*，Blackwell，1991，p.10.

的空间模式。在这个模式中美术馆空间既扮演开放的公共空间，同时对艺术家来说又是至高无上的权力空间，对谁开放？展示什么样的作品？如何收藏？都是这个空间中运作的一整套权力关系，艺术家以及作品并没有真正对这个空间产生影响。罗伯特·史密森在犹他州海滩上建造的《螺旋防波堤》、迈克尔·海泽在内华达州沙漠里开凿与峡谷交会的巨型沟槽，理查德·朗不断在自然中行走制造人为痕迹，都与美术馆的空间逻辑背道而驰。他们通过创造具有极简主义特质的精神结构，重新定义艺术与空间、权力、社会关系之间的关联。

罗伯特·史密森，螺旋防波堤，犹他州大盐湖城泥浆、沉淀盐晶体、岩石、水
长 1500 英尺（457.2 米），宽 15 英尺（4.6 米），1970 年

　　正如罗伯特·史密森所说："我不是要把艺术带入某处，而是要将某处带入艺术"。[1]这句话所隐含的正是对于空间权力的超越与挑战。然而，这种挑战依然是公共空间的"关系再生产"，早期大地艺术并不存在真正的观众，因为能够抵达旷野深处的"铁粉"毕竟是极少数，这样的少数到访者，本质上也是美术馆系统的延伸者或者联结者。也正是通过这样的联结者不断将现场图像，与艺术家的对话传递回公共空间，早期大地艺术激进的个人创作、空间策略才能成为公共话语，形成对美术馆空间权力关系的挑战。

1　Robert Smithson，*Robert Smithson：The Collected Writings*，University of California Press，1996，p.101.

　　对于早期大地艺术更多会从"自然"维度展开讨论，将艺术家的作品视为自然旷野中的"人造奇迹"。罗伯特·莫里斯的《观察台》、罗伯特·史密森的《螺旋防波堤》、迈克尔·海泽的《复合一 / 城市》、瓦尔特·德·玛丽亚的《荒原闪电》、克里斯托的《飞篱》都在荒野中竖立起具有现代文明特质的精神结构，并以某种神秘形式暗示自然环境中的人造空间。然而，直到 1979 年，南希·霍尔特的《暗淡星公园》公共艺术作品在弗吉尼亚落成，早期大地艺术才完成对公共空间的重塑。这种重塑包含两方面，一方面是将"地景"作为一种空间观念融入公共空间之中。南希·霍尔特将一整个市政公园作为表达星座、太阳轨迹的载体，将几何状的物质实体依照公园本身的地貌结构，松散地"散布"在公园的各个部分，整体上形成诗意而完整的场域构建。另一方面，公共空间所内含的权力话语不再以"艺术家工作室—策展人—美术馆"这样的模式来限制艺术家的表达，南希·霍尔特成为大地艺术从荒野中的前卫实践重返公共领域的缩影。

　　南希·霍尔特在市政公园中的艺术呈现，通过象征与隐喻的方式，将自然空间与公共空间融合于大地艺术的前卫实践与权力体制的空间表征之中，这种空间关系超出了潘诺夫斯基、沃尔夫林、罗杰·弗莱、克莱夫·贝尔形式主义分析的框架；也超出了格林伯格所划出的"艺术与文化"的范畴，只有放在更大的社会背景中，用社会生态学意义

南希·霍尔特，暗淡星公园，混凝土、石砌体、沥青、钢材、水、泥土、砾石、草、植物、柳树，三分之二英亩

上"空间关系"的模型来加以解释。从 20 世纪 60 年代早期大地艺术实践中可以看到，无论从艺术家的观念还是艺术表达的媒介，"空间"都成为重要的载体，这种趋势刚好吻合二战后新一轮城市空间扩张的背景。大地艺术家选择从"美术馆—工作室"空间模式走向自然空间；理查·塞拉通过用一块弧形的钢板分割纽约联合广场表达空间中隐含的矛盾关系；博伊斯在卡塞尔文献展上号召公众参与《7000 棵橡树》大型公共项目，用橡树植入到城市公共空间的各个角落，以此触发公共空间中社会关系的再生产。艺术家的创造不仅仅是物质的材料或者视觉语言的表征，更进一步成为公共空间中的关系要素，与公众的情感、经验、文化习俗融汇成为彼此交织、互相博弈的"动态关系"结构。

城市生态中的生命节律

文 / 杨方伟

列斐伏尔认为"空间意识形态，是社会的产物"[1]，在社会生态学的视角下，空间同样是与生命经验紧密相连的，是过程性的、时间性的。通过人的知觉感知，时间不再是物理学意义上不受外部干扰均匀流动的"客观时间"，而是作为空间关系表征的意义系统。城市是自然时间的产物，随时间延展而不断变化、生成；城市也是社会时间的产物，因为在不断变化的过程中，生命经验的痕迹深刻地镌刻在层层叠叠的空间之中。新建筑不断覆盖在老建筑之上，不同类型的社区毗邻而生，错综复杂的生命过程以时间的形式交织在城市之中。城市中所承载的生命、经验、社会变迁意味着一张巨大的"时间网络"，网络节点上的流通、演化、生长与相互影响的状态构成了内涵于时间结构中的"生态性"。

1."时间加速"与被遮蔽的"路径"

尽管在前互联网时代，"焦虑""抑郁"尚未成为普遍性的社会问题，但是工业生产、运输交通不断通过解耦自然时间，制定更加精密，极具效率的时刻表，以便于分工协作、通信联系。"生活越来越紧张、社会体验变迁的速度，是大都会生活的核心特质"[2]，这样的状况早已根植于现代性的城市生活之中。"社会生活出现了越来越普遍的不连续性与韵律的解构"[3]，几乎成为一种不可抵挡的趋势，从过去到现在，塑造着全新的碎片化的世界。理查德·朗、安迪·高兹沃斯不断在自然中"行走"，创作融于环境的"临时雕塑"，不仅仅是基于艺术本体的个人表达，更是通过回归自然状态，揭示出被遮蔽的"感知状态"，唤起正在被现代性所抑制的"自然知觉"。这种"自然知觉"包含了对生命时间的感知：草地上行走留下的"足迹"；随着潮汐消散的"自然雕塑"都不指向明确的意义与目的，仅仅是以人为的方式呼应自然的节律，在这个过程中敞开了通向自我"生命时间"的路径。

罗萨在《新异化的诞生》一书中论述了，"科技加速、社会变迁加速和生活步调加

---

1 Henri Lefebvre，*The Production of Space*，Blackwell，1991，p.26.

2 哈特穆特·罗萨，《新异化的诞生：社会加速批判理论大纲》，郑作彧译，上海人民出版社，2017 年，第 9 页。

3 郑作彧，《社会的时间：形成、变迁与问题》，社会科学文献出版社，2018 年，第 125 页。

速"[1]导致了一系列现代城市的社会问题。在现代性进程中，由于工业生产对效率的追逐，时间不断被"加速"，城市的"自然时间"开始分化，在相对统一的空间中形成不同的时间维度。大规模城市化进程不仅是城市规模扩大，城市空间的丰富性也急剧增加：工厂车间、写字楼、证券中心、咖啡馆、购物商场、健身房、卡拉 OK、电影院……这些空间体现的不仅仅是功能属性，更重要的是代表着不同的时间维度和空间中的生命状态。一方面，人们在日常生活中按照社会性时间结构行事，这个时间表通常指向未来需要完成的工作，或者如何更加优化的时间管理，从而提高工作效率。在工厂车间、写字楼这类生产性空间里，时间在效率的尺度上不断被压缩，生命时间不断被加速，使其能够释放出更大的产能。现代主义对于效率的过度追逐常常导致个体感知钝化，陷入日复一日的机械重复之中，沦为替代性的生产工具。另外一方面，城市化的生活方式不断放大物质需求，消费主义和流行文化成为主导社会的风潮，对于自然状态的感知逐渐让渡于感官欲望的填充。在购物中心、电影院、卡拉 OK 这样的空间则试图营造出时间悬置的情景，以便让消费者全身心沉浸在美好的自我幻觉之中，摆脱对未来的忧虑、对过去的思考。放在城市化生活方式背景下，艺术家回到自然荒野，对"自然感知"再次确认的意义就不只于表现对大自然的崇敬、对环保理念的实践，而是一种打开新的时间感知、空间知觉，回返最真实的"生命状态"，实现"日常生活的革命"创造新生活可能性的实验。

2. 艺术生长中的时间绵延

在讨论城市生态性的时候，引入"时间"维度是非常必要的，因为城市是一个不断结构化的空间，社会空间在权力秩序的运作下不断细分成若干碎片化的空间，无论这些空间呈现出怎样的精致状态，都难以摆脱"生产－消费"所构建的闭环。城市壮丽的建筑奇观、绚丽的灯光工程，甚至是镶嵌在各个区域的广场、书店、公园以及公共空间，这些物质化建筑空间体现城市视觉性、功能性的一面。列斐伏尔的"差异空间"理论给出了有启发的回答"为了改变生活，必须首先改变空间，创造出新的空间样态"。然而空间化往往遮蔽的正是隐含在时间与社会演化过程中的问题。当把时间作为空间的表述，回归到个体感知的维度来看待城市中个体的生存与空间的关系，能够更加深入地看到艺术作为一种特殊的感性媒介介入时间意义系统中的价值与作用。

如果说大地上的"人造奇观"是以罗伯特·史密森、迈克尔·海泽、瓦尔特·德·玛

1　哈特穆特·罗萨，《新异化的诞生：社会加速批判理论大纲》，郑作彧译，上海人民出版社，2018 年，第 13 页。

丽亚为代表的早期大地艺术家挑战艺术体制的方式,以"行走"丈量自然空间则是理查德·朗表达个体生命与自然时空关系的方式。1967 年理查德·朗在伦敦公园的草坪上沿直线来回走动二十分钟,将草地踩出一条行走痕迹,然后用影像记录下这条"直线"。此后,理查德·朗以"行走"的方式在富士山、喜马拉雅山脉、埃尔斯沃思山脉都留下他的足迹。在理查德·朗的观念里,"自然处于一种变化的状态,而这种变化是理解的关键"。"行走"正是以身体感知的方式在理解自然,行走留下的痕迹暗示着生命在自然时空中的刻度,是一种站在个体生命的立场回应自然的"仪式"。

理查德·朗,在秘鲁走一条线,1972 年

　　受到理查德·朗的影响,安迪·高兹沃斯也将自然场域作为寻找生命感知的载体,安迪·高兹沃斯的艺术语言更具有"时间性",安迪·高兹沃斯的创作没有通常意义上的"作品"诉求,而是在漫长的时间里,完全置身于自然环境之中,通过感受四季的变化,潮汐的涨落,冰雪的消融,用枯枝、岩石、冰块等搭建起"临时"的"雕塑"。从 20 世纪 80 年代开始,安迪·高兹沃斯就开始了这种漫长的野外创作的方式,安迪·高兹沃斯的作品中展现出一种时间的"相对性":冰块、枯枝、落叶、岩石构成的"临时雕塑"是短暂易逝的,随着气温、水流、风向的变化很快就会消散,这样的"瞬间性"看似与艺术内在"永恒性"的诉求截然相反,但是将安迪·高兹沃斯的生命时间展开来看,

这些作品不仅仅是物质的形式，更是艺术家试图将生命时间的片段融入自然节律的过程。在这个过程中能够看到冰雪须臾融化，枝叶慢慢腐坏，岩石恒久不变丰富的自然时间，艺术家在自然的物质状态中植入人为的理性结构，既是对"自然时间"的重组，同时揭示自然时间内在不可抗拒的"连续性"。

安迪·高兹沃斯，冰柱墙，2024 年

罗森塔尔以艺术家介入"自然场域"的方式与对自然的态度对于大地艺术类型进行了划分，其影响从 20 世纪 60 年代一直延续至今。站在今天来看，更多被记住的还是早期大地艺术家在旷野中激进的壮举，而对于后续艺术家的阐释更多被解释为对环境保护理念的宣扬与实践。这样的解释是建立在艺术家从城市"出走"回归自然的动力模型上，主要的驱动力在于 60 年代前卫艺术对于既有美术馆体制的挑战而推动艺术范式的转换，而在自然场域开辟新的实践空间。另外一方面是工业发展对于人类生存环境构成破坏、威胁成为 80 年代以来很重要的社会议题，同时也激起了艺术家的社会责任感，希望通过艺术实践宣扬环保理念，在社会公众层面促进环境保护的意识萌发。在这条解释路径上可以看到大量的艺术家的创作与社会成效，但是如果不做深入的分析很容易将与"自然"有关的艺术家都划归到"环保主义"的名下，以至于看不到基于"自然知觉""空间关系""新都市主义"展开的社会学叙事的探索。

罗森塔尔认为理查德·朗、安迪·高兹沃斯是以一种"谦逊的态度来接触大地"，体现艺术家崇尚自然的胸怀。然而，从社会生态学的角度来审视的话，理查德·朗、安迪·高兹沃斯与大卫·巴克莱、哈里森·牛顿夫妇作品中的环境保护意识是有内在差异性的。尽管他们的艺术实践都处在大致相同的社会背景下，欧美国家陆续从二战的阴影中走出，经济复苏、科技进步带来新一轮的城市化浪潮，城市的发展对于自然环境和人类生存状况产生了一系列的影响。以大卫·巴克莱、哈里森·牛顿夫妇为代表的环保主义艺术家更多将问题焦点指向工业污染带来的环境问题。而理查德·朗、安迪·高兹沃斯则是从知觉现象学的维度触碰到了现代性的"序时时间"对于自然时间下的"生命状态"产生的影响。

3."自然生态"与"社会生态"的双重循环

20世纪以来的"生态艺术"实践，从艺术观念、媒介范畴的探索作为发端，艺术家的关系建构伴随社会结构的演变，面对不同的组织机构、社群团体、个体的生存状况与之对话，形成了围绕着城市空间展开的另类叙事和充满感性的表达。从艺术与城市生态的角度看，"生态艺术"不仅是艺术系统内部观念范式的转换，其具有的社会生态学特质，甚至能够解释"生态艺术"的"生态性"是如何将"自然"与"社会"两个维度有机地交织起来。从生态艺术与城市化进程的关系，可以划分出三个阶段：第一个阶段，现代性城市化进程以一种爆炸性现象呈现出来，"城市化在资本主义经济体制中产生的作用越来越大，城市空间与社区资源都用来产生利润"[1]。现代化工业体系塑造的城市景观导致个体的生存状况变得被动而紧张，西方前卫艺术家敏锐地感受到这种压力，并且用激进的艺术方式回应现代性与自然的对立关系。20世纪60年代，以罗伯特·史密森、迈克尔·海泽、瓦尔特·德·玛丽亚为代表的一批前卫艺术家，以一种空间批判的姿态，走出美术馆、离开城市，在荒野之中寻求自然的感召，试图获得某种原始的力量以对抗现代工业生产对人的"异化"。第二个阶段是20世纪70年代，以理查德·朗、安迪·高兹沃斯为代表的生态艺术家，将自然生长与生命状态作为一种社会议题提出，以此回应工业化、城市化所带来的"生态危机"问题。与此同时，米克在《走向生态美学》一书中提出以生态思维、生态意识为主导的审美反应，强化了人与自然万物之间有机的关联，从认识论的角度更深刻地阐明了以"生态意识"为主导的艺术实践方式。第三个阶段是20世纪80年代以后，随着科技进步与传播媒介的发展，超大规模城市的兴起，城市由"空间中的生产，转变为空间的生产……它不仅被社会关系支持，也生产社会关系和被社会

1　Allan G. Johnson，*The Blackwell Dictionary of Sociology*，Blackwell，1999，p.307.

关系所生产。"[1]

　　艺术性的"关系结构"与生产性的"关系结构"的差异在于，生产关系会形成等级、角色、分工，并且围绕着一个清晰的目的运转，这是一个向"外"的螺旋。艺术的关系结构是一个向"内"的螺旋，将参与者从社会分工中形成的等级、角色的限定中抽离出来，回到对自我的体验状态，在这种"自我"状态中再次觉察到"自我与环境""自我与他人""自我与社会"的关系。这样的"觉察"推动"自我"与"世界"建立新关系的可能，从而成为一种弥补生产关系中"主体性"缺失的途径。这种"内"与"外"一直存在于艺术与社会互动的过程中，也正是因为这种"互动"产生的"关系循环"，艺术才能以"有机"的方式，将封闭在现代性系统空间中的"个体感知"抽离出来，形成跨域的交织。

　　如果以"内外生态"的视角再来看 20 世纪 60 年代早期大地艺术前卫实践延续下来的艺术线索，"自然""社会""个体"与生产系统之间的互动，同样呈现出丰富的"关系循环"。尽管早期大地艺术以"重返自然"作为挑战"美术馆体制"的前卫策略，但是"自然"在关系维度上始终被视为现代生产系统之外的"原乡"，无论出于对工业生产造成的环境危害的呼吁，还是在文学艺术上不断对于"自然"的缅怀，"大地艺术"逐渐演化出"自然主义""环保主义"的生态艺术实践。大卫·巴克莱、哈里森·牛顿夫妇关

奥拉维尔·埃利亚松，Ice Watch Paris，装置，巴黎

1　Henri Lefebvre，*Space：Social Product and Use Value*，*Critical Sociology：European Perspective*，1979，p.285–286.

于珊瑚礁保护的大型生态艺术项目，用色彩绚丽的材料制作成珊瑚雕塑，吸引了大量公众关注海洋生态的问题。大卫·巴克莱在冰川上投影出巨大的"Discount The Future"的字样，充满诗意，又令人警醒。埃利亚松从北极采集巨型冰块，放置在斯德哥尔摩气候峰会会场之外的广场上，将全球气候变暖的缓慢进程以"具身感知"的方式让公众体验到。生态艺术关注生产系统对全球气候变暖、海洋污染、水土流失产生的影响，并且通过艺术的方式将生态问题转换为公共话语，调节生产系统与自然生态之间的关系平衡。

由于生态艺术对于"自然"纯粹而直接的态度，也会产生两个认识误区。首先，会认为生态艺术偏离了前卫艺术实践的观念性，艺术性在一种"关心人类福祉"的社会行动中被泛化。而另一种误区在于，将生态艺术的方法论和艺术观念与现代性的生活方式对立，认为生态艺术是为了"绿色"的生存环境，力图让人类退回到原始的自然状态之中。之所以形成这样的误区，是因为缺少"关系性"的视角。如果能够看到发端于早期大地艺术的另一条线索与生态艺术形成了"自然生态"与"社会生态"的双重循环，就很容易理解"生态性"的社会意涵：从对美术馆体制的挑战走向了对于个体"生命状态"的关照，以"生长性""连接性"特质汇入后来的"新类型公共艺术""关系艺术"形成"游牧"的艺术行动。

在"自然生态"的线索上，艺术家通过自然感知的方式，让公众重新与不易察觉的"气候变化"，遥远森林里的"水土流失"建立直观联系，帮助公众直面环境问题的紧迫性。而造成环境污染、生态失衡的根本原因也在于生产系统对于效率、产能的追逐；消费系统的驯化使得个体"主体性"逐渐丧失，失去了重新思考"世界"的能力。"新类型公共艺术""关系艺术"的公共策略基于"社会生态"中的"关系重构"：艺术家不再宣称自己是"作品"的拥有者，而以"食物""时间""身体""声音"作为媒介触发公众和参与者在"时间""空间""生命感知"等不同维度上知觉的敞开，在新关系构建的过程中展现出"主体性"。

从"自然生态"与"社会生态"展开的"关系结构"，可以看到理查德·朗、安迪·高兹沃斯回返自然建立个体生命与自然节律的对话；博伊斯在卡塞尔文献展号召公众种植橡树，以激发公众参与的方式塑造社会生态；库奈里斯在画廊空间饲养9匹活马作为艺术品展出，让公众重新思考"商业体制"下艺术与生活的真实关系；艾格尼斯·安尼斯在纽约曼哈顿双子塔下面种植麦田，以自然耕种的"自然性"展示与金融资本所代表的"流动性"抗争的态度；谢德庆将自己置于铁笼之中，以一年为期限，进行每隔一小时打一次卡的行为，深刻揭示自然生命状态与工业制度时间管理的内在冲突。

艺术"游牧"与"共同体"的关系编织

文 / 杨方伟

20 世纪 90 年代以后，互联网时代的到来，信息技术高速发展，"空间表达与社会结构"的关系，显著地构成了当代艺术实践的重要议题。尼古拉斯·伯瑞奥德（Nicolas Bourriaud）在 90 年代出版的著作《关系美学》中提出，艺术作品不再是视觉想象的审美对象，它是"现实中的生活方式和行动模式"。[1] 在"关系美学"理论的框架中，更多侧重于将艺术视为一种能促进人与人交往、建立互动关系的手段，艺术不再是具体的"某物"，而是作为一种人际交往互动活动的"催化剂"；艺术家的创造性也不再局限于空间中的表达，而是通过观众的参与实现人际关系结构上的变化。"关系美学"并非提供了一种指导实践的艺术理论或者美学思想，而是作为一种艺术社会学的认识论，契合了 20 世纪 90 年代以后社会整体所面临的问题以及艺术发展的趋势。艺术不再作为一种固化的审美对象而存在，而是连接情感、建立互动，把观众带入某种共同体状态。"关系美学"所阐释的从艺术本体转向关系场域的变化，包含了信息化时代对于社会场景中"会面""相遇"的渴求，同时也是城市生活中，基于"时间""空间"的"生命经验"搭建的"临时乌托邦"。

1. "关系美学"的临时乌托邦

1996 年伯瑞奥德在法国的波尔多当代美术馆策划了"交通"展览，展览呈现了具有"关系"特质的作品，这些作品不同于美术馆范式下的展示，艺术家并不诉诸作品的视觉性，而是将展览空间构建成一个人际互动的场所，艺术作品作为某种促进人际交流的契机。其中，泰国艺术家提拉瓦尼贾的作品《明天又是另一天》，将自己在纽约公寓的空间陈设原封不动地复制到展厅，观众在艺术家的"公寓"之中可以随意走动参观，与艺术家交流聊天，仿佛进入到艺术家的日常生活。对提拉瓦尼贾而言，在"公寓"陈设营造的"拟像"背后，真正想呈现的是真实生命当中的"一天"。提拉瓦尼贾与观众的互动，不仅仅建立在语言的交流上，还希望将观众带进他虚拟的"生活"，在"生活"中感受另一种生命时间的状态。

1　Nicolas Bourriaud，*Relational Aesthetics*，Les presses du réel，2002，p.13.

提拉瓦尼贾，无题，现代艺术博物馆，2011 年

　　提拉瓦尼贾早在 1993 年就在纽约的 303 画廊做过一件《无题（免费）》的作品，艺术家将厨房搬进画廊里，在展览期间为到来的观众烹饪咖喱美食。通过烹饪与聚餐的形式，艺术家模糊了艺术作品与观众的边界，当观众一边享用食物，一边相互交流的时候，某种新的"关系"便从原本封闭的艺术体制中生长出来，作品的艺术性不再依赖艺术家天才的创造，而是观众的参与构成了作品的意义"闭环"。在画廊空间中，提拉瓦尼贾采用了不同以往的媒介——"食物"。因为烹饪过程中咖喱散发出来的气味充斥在展厅之中，在观众进入展厅的一瞬间，咖喱的气味便通过嗅觉与观众产生"深度"连接。当观众品尝咖喱的时候"味觉"也参与其中，涌现出与食物有关的经验记忆。"食物"之所以与饮食习惯、地方文化有关，因为"食物"的刺激是原始而直接的，在所有感官中"味觉"连接着"最初的记忆"。

　　泰国艺术家的提拉瓦尼贾生活工作在纽约，选择"咖喱"作为媒介，本质上是一种文化身份的确认，而来到展厅中的观众，在享用食物的同时也会下意识地对"咖喱"中的文化意涵作出反应。"食物"开启的不仅是一场聚会，更是通往不同种族、不同文化背景下观众感知深处的通道。在高度景观化的"控制社会"，人与人的关系常常包裹在符号建构的身份等级之中，当观众置身于提拉瓦尼加构建的交往场域中，"食物"为现场每一位参与者制造了去身份化的感知体验。这种去身份化的体验是"临时乌托邦"的基础，因为，艺术家不再是掌控作品的作者，观众也在分享"食物"的过程中获得对等交流的机会。

但是，克莱尔·毕肖普对伯瑞奥德的"关系美学"提出了不同的看法，毕肖普认为"关系美学"呈现出的是一种"静态关系"，仅仅停留在"其乐融融"的社交形式之中，没有"破坏观众自我认同的机制，而是在肯定它们，并陷入日常休闲之中"；没能将这种"人际关系"深入到社会结构中去激起新的"关系结构"。[1] 站在伯瑞奥德的角度，"关系美学"作为一种艺术哲学提供的是对艺术美学范式演化的理解方式，以及对艺术作为中介激活社会关系可能性的探索。毕肖普希望在关系艺术实践中呼吁"张力关系"，而伯瑞奥德更像是对德勒兹"游牧"思想的继承，强调艺术带给观众新的感知方式来重新认识世界。

2. "游牧"，动态的关系生长

德勒兹的"游牧"思想是基于"控制社会"形成的"封闭空间"而提出的社会行动理念。"控制社会"如同国际象棋的棋盘，每一个个体在其中都被赋予确定的身份与行进的路径，棋盘的网格空间被各种规则所包裹，所有这一切构成了当代社会的隐喻。而"游牧"思想驱动"解域"化的行动从各个封闭的社会空间中抽离出来，这种"解域"化的行动如同"根茎"生长，没有中心也没有确切的数量，由"尺寸和运动方向组成"，处于不断"溢出"的"中间状态"。

德勒兹预言了一种更加理性、顺滑的"控制社会"的到来，这种社会是没有"围墙"和"束缚"的开放形态，仅仅通过技术和信息进行分配和诱导。20 世纪 90 年代以后的城市生活从商品经济转向互联网环境下的传媒经济，一个更加庞大、无所不在的符号系统不断固化个体对世界的感知与自我认同，充分地印证了德勒兹的寓言。在德勒兹的观念中，"游牧"是一个反结构的概念，强调流动性、去中心化和非层级化的特征。伯瑞奥德的"关系美学"，尽管在社会实践层面并没有触及到"变革"的力量，但相对于基于观看、展示的传统艺术，"关系美学"以社会介入或激发观众参与的方式，激励艺术家摆脱"艺术家—作品"的二元模式与广泛的人群形成互动关系，以消解主体的方式映射关系实践中的"游牧"形式。德勒兹并不刻意描绘"游牧"的形式与目的，艺术如同自然生长的"块茎"一样，在社会系统中向各个方向不断释放"解域"的力量激发新的

1　克莱尔·毕肖普，《装置艺术：一部批评史》，张钟萄译，中国美术学院出版社，2021 年，第 117–118 页。

关系生成，保持"游离状态"就是艺术超越商品属性、符号价值、系统控制的途径。伯瑞奥德描述的关系艺术的范式转换，实质是如何在日常生活中建构新的人际关系。"关系艺术"不再是建筑空间的装点，艺术家的工作需要深度嵌入到社会系统之中，制造新的"关系"、新的"连接"，试图创造一个共同体结构。在"关系美学"的视域下，无论是"关系艺术"还是"参与式艺术"，只要能够激发"人际关系互动"都是一种新的"乌托邦"形式。在艺术构建的"乌托邦"中，每个参与者都会从原有的社会角色、身份限制中走出来，甚至成为一个"临时演员"，在艺术家设置的关系途径中体验多元的"互动"状态。

出生在古巴的美国艺术家冈萨雷斯·托雷斯，其作品采用雕塑、摄影和装置等媒介阐释隐含在日常人际中的关系本质。冈萨雷斯最著名的作品《完美的情人》，将两只完全相同的白色时钟并置悬挂在墙上，时钟一开始以完美一致的节律同步运行，但是，随着时间的推移，时针逐渐产生偏差，偏差越来越大，最终走向分离与混乱。冈萨雷斯借用这种误差进行暗示，即便是最"完美的情人"也会彼此偏离，而人与人之间不可避免的隔阂，也许才是这个世界的本质。即便没有观众能够完全见证这个过程，但是面对时钟的交流、讨论、疑惑共同构成了这个关系的"乌托邦"。相较于《完美的情人》作品中的关系隐喻，《糖果》更为直接地将观众的参与作为完成作品的重要环节。冈萨雷斯将 159 千克重的白色、蓝色玻璃纸包裹的糖果放在画廊的角落，构成了他和伴侣两个人的"双重肖像"，观众可以随意带走糖果，而被带走的糖果暗示着冈萨雷斯与其伴侣的消失。冈萨雷斯提出了一种"以损失为中心的共同体理念，它总是处于消失的边缘"[1]，"消失"是苦痛的，但是糖果的"甜"和通过观众实现的消解为艺术家的苦痛增添了一丝诗意的色彩。这像是英国诗人约翰·多恩《没有一个人是孤岛》诗中所表达的人类相互依存的深刻思考。

冈萨雷斯的作品并非自给自足的实体，作品中总是隐含着"缺失"的关系，给观众的参与留出了巨大的空间，正如艺术家所说："没有公众，这些作品就什么都不是，一无是处。我需要公众来完成作品。我需要公众帮助我，承担责任，成为作品的一部分，加入我的工作。"[2] 但是，冈萨雷斯作品中极简主义特质的关系结构也将作品引发的关系结构缩小到私人群组的群体快乐之中，这个微型共同体往往以画廊观众的身份作为基础。

1　克莱尔·毕肖普，《装置艺术：一部批评史》，张钟萄译，中国美术学院出版社，2021 年，第 113 页。
2　同上。

不同于冈萨雷斯·托雷斯作品中优雅的"迷思"，托马斯·赫塞豪恩的社区实践同样基于观众的参与互动，但是，充满了"地方性"的色彩与政治修辞。托马斯·赫塞豪恩在长达十年的时间里深入社区搭建临时空间，在其中开展讲座、工作坊、展览，旗帜鲜明地输出个人观点与价值立场，通过带有艺术家主观性的方式将历史"片段"重新注入"社区空间"，用深度的思考、讨论为社区居民建立一种基于"历史""传统"的主体性。托马斯·赫塞豪恩的社区实践延续了博伊斯"社会雕塑"中的教育理念，通过具有思辨性的对话讨论让"临时空间"区别于休闲场所，甚至采用传统文献展示的方式让空间被历史性、知识性的关系所支配。正如赫塞豪恩所说："我不想邀请或迫使观众与我的作品互动；我不想激活公众。我想奉献自己，让自己参与这样的程度，让观众面对作品时能够参与其中，成为其中一员，但不是作为表演者。"[1]

赫塞豪恩甚至以艺术节命名在阿姆斯特丹郊区的"斯宾诺莎"项目（The Bijlmer Spinoza Festival），并且利用周围的建筑空间构架了一个大型的环境装置，装置的核心材料则是与斯宾诺莎有关的书籍、历史档案。从星期一到星期日，针对当地居民每天都安排了丰富的讲座与工作坊，其中包括"儿童游戏"工作坊、偶发戏剧以及哲学家的讲座。尽管从形式上颇有社区学习中心的意味，但是在艺术家的观念里并非直接地传递知识，所有这些活动所要产生的是一种"共情"，让参与者感受另外一种"集体"的意义。这种"集体"是存在主义意义上的"共情"，斯宾诺莎以及若干历史瞬间、哲学悬思，在艺术家的"召唤"下成为一种"不在场的在场"。在赫塞豪恩看来，"思想"缺席的参与是另一种"消费"的代名词，只有让参与者产生思考的参与才是真正的"参与"。

如果说德勒兹的"游牧"理论是一种社会情境想象，赫塞豪恩社区实践中的教育面向，则体现为一种艺术"游牧"社会学的具身表述。在 Bijlmer-Spinoza Festival 期间，赫塞豪恩将与斯宾诺莎相关的通信、图像以及现场观众反馈与艺术并置，汇集成一本信息量巨大的出版物，构成了一种艺术研究与社会实验的形式。这样的方式不仅体现为集体的生产，而更加强调艺术项目中的教育角色和功能。克莱尔·毕肖普在对艺术教育项目新趋势的阐述中也指出，教育项目在参与式社区实践中扮演越来越重要的角色，因为艺术家将教育项目作为艺术实践的一部分，扩展了艺术的功能和形态，这种形态更深入地参与社会生活，促进社会变革。之所以"教育"会成为20世纪90年代以后社区艺术实践中重要的形式，原因在于作为教育本身带有一种"平等"的关系结构，艺术家在这个

1　克莱尔·毕肖普，《装置艺术：一部批评史》，张钟萄译，中国美术学院出版社，2021年，第120页。

结构中既是参与者也是学习者，同时也消除了公众自身的社会角色与身份差异。更重要的是"教育"避免了"大量参与性艺术的陷阱"，填补了"批判反思的空间"，用具有指向性、思考性的内容填充了观众的主体性。这样的主体性并非基于"临时表演"，而是感知经验向理性思考的转化过程，是不断跨越的生长性力量。

3. 地方空间与艺术"游牧"

苏珊·雷西在《量绘形貌：新类型公共艺术》中指出，20 世纪 80 年代以后，观众主体性的成长使得公共艺术的价值边界变得更加多元和开放，公众的参与、个人意愿的表述成为社区艺术美学语言研究关注的部分。[1]这样的美学实践脱离了传统作品与公共空间的关系模式，都将地方社群构建作为美学生长点和社会价值定位。[2]苏珊·雷西洞悉了艺术体制所发生的变化，认为社区艺术所追求的本质"不只是一个完成作品，而是一个价值发现的过程，一组哲学，一个伦理行动，而是对于一个更大的社会文化议题的整体观照"[3]在更广阔的公共空间，观众的角色被重新定义，与公共空间承载的信息一起，成为作品意象表达的一部分，"公共空间的艺术被视为一种使都市环境更新和人性化的方式"。[4]社区艺术实践从这种意义上讲，也成为艺术"游牧"的新形式，"不只是关于主题本身，不只是关于艺术的放置场所，而是关于要推动的价值系统的美学表述"。[5]这种表述正是艺术"游牧"进入公共空间，以社会参与的方式融入地方空间的过程。

艺术"游牧"的行动逻辑在于跨越空间边界，开启新的感知状态，摆脱"生产—消费"系统带来的"单向化"的趋势，创造新的关系形式。"自然"与"城市"在"生态关系"中视为一个整体，不再是对立的空间概念。随着城市化进程的发展，社会空间也处于急速变化的过程中，尤其是生产空间、生活空间、公共空间、自然空间的边界会变得模糊。2000 年以后新兴城市与老旧社区之间的矛盾；城市发展与乡村衰落的问题；年轻务工者缺乏归属感以及人口老龄化的问题更加凸显。艺术"游牧"行动也伴随着这些问题，深度地嵌入到"社区营造""艺术乡建""城市更新"的地方实践中。比较早期的是日本"妻笼宿"社区改造、横滨町黄金町艺术祭、新潟县津川町"狐火祭"，而这些社区营造是借助"视觉性"的力量整合当地文化资源，打造旅游 IP 作为经济驱动力，

1　苏珊·雷西，《量绘形貌：新类型公共艺术》，吴玛悧等译，远流出版事业股份有限公司，2004 年，第 18 页。
2　翁剑青，《公共艺术的观念与取向：当代公共艺术的文化及价值》，北京大学出版社，2002 年，第 26 页。
3　苏珊·雷西，《量绘形貌：新类型公共艺术》，吴玛悧等译，远流出版事业股份有限公司，2004 年，第 58 页。
4　苏珊·雷西，《量绘形貌：新类型公共艺术》，吴玛悧等译，远流出版事业股份有限公司，2004 年，第 27 页。
5　苏珊·雷西，《量绘形貌：新类型公共艺术》，吴玛悧等译，远流出版事业股份有限公司，2004 年，第 40 页。

从而实现对社区的振兴带动。在中国也有由渠岩发起的"许村计划"、左靖发起的"碧山计划"、焦兴涛发起的"羊蹬艺术合作社"作为比较有代表性的艺术介入乡村的实践。

在乡村"复苏"的案例中，日本越后妻有大地艺术季最具代表性，不仅在于策展人北川富朗，通过艺术介入的方式让一个淡出人们视野的偏远乡村成为在世界范围内引起关注的地方。从艺术演化的脉络来看，这也是自 20 世纪 60 年代早期大地艺术以后，艺术再次重新返回自然场域，而且展现出更为强调"人与地方"的关系范式。越后妻有大地艺术季从策划之初就有一个隐含的主题——"人是自然的一部分"。受邀参展的艺术家需要在当地走访村落，参观学校、社区，与当地村民深入交流，设法理解当地文化和社会状况，以"共生"的方式融入越后妻有的乡村生活。艺术家的表达建立在与自然场域的共鸣，与当地村民的共情，从而真正触及到当地的"生命节律"并以艺术的方式呈现出对"地方感""生命感"的理解。

自然景观作为艺术家潜在的对话者，艺术家的作品所要呈现的是对"自然"的回应。内海昭子的作品《为了那些失落的窗》以一个极简主义的窗框矗立在山坡之上，既孤独又忧伤，同时充满了回归自然的浪漫。卡巴科夫从川端康成的书中节选出诗句，将文字雕刻成金属片，悬挂固定在田野、森林旁边，呈现出一种"以诗入画"的东方美学。面对人口流失后荒废的学校，波尔坦斯基与让·卡尔曼在学校空旷的教室点亮无数灯泡，让人想起曾经这里热闹喧哗，涌动生命活力的时刻，而此时只剩这《最后的教室》的空旷与孤寂。《最后的教室》映射着越后妻有的历史、现状与当地人情感的变迁，同时也用艺术的方式将"教室空间""地方空间"从原有的功能属性中抽离出来，以一种新的"感知结构"重新植入到"空间"之中，来自艺术性、现代性的社会生态的"关系循环"，再次赋予了"教室空间""地方空间"新的生命力。

城市空间的多维生态与跨域交织

文 / 杨方伟

中国自 20 世纪 90 年代以来城市化进程加速，城市空间通过"城市扩容""旧城改造""城市更新"来扩充自身容量，解决产业发展的空间矛盾和居民居住品质提升的生活需求。空间需求和空间权利之间常常产生分歧和冲突，围绕空间产生的矛盾，既是现实层面权益的计较，同时也是社会关系重构的过程。与此同时，中国社会在城市化进程中同样呈现出丰富而复杂的状态，渗透着各种层叠交错的社会意识，尤其是消费主义将商业逻辑投射到各种社会关系之中，使得社会结构整体呈现出"消费""控制""碎片化"的特征。

在这样的背景下中国的当代艺术实践有一种范式上的转向，艺术家不仅"把自己呈现为关系性的存在者"，而且"表现出了独特的语言性、时间性、个人性、自然性、社会性、历史性、神圣性"。[1] 从这个阶段开始中国当代艺术的实践，逐渐与社会结构、社会事件镶嵌在一起，艺术家通过特定的行动方式将社会焦点事件转化为内在的关系结构。在艺术介入的社会现场的过程中，展现出的"生长性""连接性"，正是德勒兹所说的"游牧"和"解域"化的力量。

20 世纪 90 年代以后在中国城市中展开的"参与式艺术""社区艺术""实验艺术"触及到了更为深度的社会关系问题，城市中的艺术"行动"成为一种宽泛的"游牧"。围绕着社会空间展开的艺术实践，从"自然生态"与"社会生态"两个面向，深入到城市的生产空间、生活空间、公共空间中，发展出了一条具有"生态"属性的社会行动脉络。在这个过程中，艺术"游牧"呈现为一种特殊的城市生态，通过激活个体的"自然感知""生命经验"促进不同个体、社群与城市空间产生新的连接，在"效率与生产"的"坐标系"之外结成"临时的乌托邦"。为了更好地讨论艺术行动介入都市空间的机理与作用，我们可以建立两种不同类型的城市空间模型来分析讨论艺术行动的影响和作用。这两种空间模型分别是成都的市井街区空间与重庆的山地城市空间。

1. 市井空间的艺术疗愈

市井街区空间具有某种历史性的特质，市井的概念原本就包含着由历史习俗、生活

1　查常平，《中国先锋艺术思想史.第一卷，世界关系美学》，上海三联书店，2017 年，第 50–53 页。

沉淀下来的传统。可以说市井空间就是承载着地方记忆的城市空间。尤其是处于"历史深处"的成都，其市井街区更具有历史尺度与现代质感的独特性。与其他现代性城市一样，成都的市区空间，普遍具有流动性和临时性的时间特质，街头的店面、招贴、流行元素、来往的人群构成了流动的符号景观，随着潮流偶然相遇又转瞬即逝，体现着最为当下的状态。而老城街区则处于一种缓慢的、持续的演变状态之中，历史痕迹与潮流文化不断叠加，曾经的生活处所在城市化扩张的趋势下呈现出复杂的空间样态。与新兴的城市商业中心相比，这些市井空间不再提供强有力的产能和制造"生产—消费"的循环，甚至显得衰老、落寞。但是，这些空间依然承载着城市的历史，依然连接着过去的记忆、生存的痕迹。我们如何来看待趋于平淡、日常化的市井空间，其实是如何看待城市自身的历史与共同记忆的问题。

成都从 20 世纪 90 年代末开始大规模城市扩容和产业转型，在原中心城市区域空置了大量的废弃厂房、仓库，其建筑本身具有工业时代的历史记忆和工业化的空间质感，通过植入艺术化的改造方案，不少厂区被改造成连接历史记忆与时尚生活的文创园区，例如"东郊记忆"公园、"梵木文创中心""德必川报易园"。甚至一些原有老城区的街道，也采用类似的方式打造成文化创意街区，通过注入创意文化元素，既保留了原有街区的风貌特质，又增强街区与外界的连接性。这样的艺术性修复方案不仅有效地保留了城市空间的原生价值，并且增加了城市历史、记忆的丰富度，尤其是在现代性建筑景观同质化的趋势下，"空间疗愈"不仅用艺术的方式修复市井街区，同时保留了历史风貌，在精神层面体现出城市的"地方意识"。

大规模的空间改造很大程度是在政府主导下进行的，而缺少改造条件、缺少区位优势的生活空间只能停留在"自然演变"的空间进程中。"效率与生产"之外的地带往往是滋生创造力的土壤，生活空间中的问题，恰好成为"空间关系"的生长点，通过一系列的艺术行动，激发"生存空间生活化的关系生产"，将"边缘化"的生存空间重新连接到城市文化生态的循环中。其中，特别有意思的一个艺术项目，是成都的"公司"艺术小组。他们在老城庆云街开了一个甜品店，并且将店面一分为二，划出 4 个平方米命名为"肆空间"，作为常设艺术展示、驻留空间。"肆空间"在这种市井空间的存在是一种生长性的介入，空间的运作、艺术项目的开展主要依靠甜品店的经营收入来维持，艺术空间可以纯粹地专注于展览的学术性和品质。每次艺术展览活动都会吸引不少附近观众，从而与周围环境保持既独立，又紧密的关系。

"肆空间"的独立性，在于它的运营维系并不依赖艺术项目产生的商业回报，与周围商家住户毗邻而居，但不落俗套，甚至在市井街区空间里，这样的空间显得有点突兀。因为当地居民原有的生活节律就是围绕着基本生活需求来展开，潮流、文化、艺术似乎是遥远的想象，"肆空间"推出的展览对当地居民来说是一个突然出现的外生变量，街坊们既诧异又好奇，就好像看着板结的墙上出现了一条裂缝，裂缝里隐隐约约还闪现一些光芒。

"公司"艺术小组，"肆"空间，成都庆云街，2023 年

　　"肆空间"非营利性的艺术展示和街区商业店面的经营功能也形成强烈反差，专业性的展览常常与嘈杂的环境形成奇怪的对照。前卫艺术的实践一直有着某种大众化、日常化的趋势，而美术馆、画廊等体制往往让前卫艺术固守在精英圈层，所谓观众的互动、参与被局限在白盒子空间内，缺乏了真实世界的日常状态，呈现出的依然是审美趣味的暧昧。"肆空间"在街区介入性生长却有某种直接的力量，既不依赖权威机构的加持，也不用顾忌商业上的回报。每一场展示既是一次精心筹划的艺术呈现，同时也是融入街区日常的存在。而这种存在一旦被嵌入时间的缝隙，它的触角会与周遭的环境发生牵连，一个渐渐老去的市井街道又被注入某种活力。这种活力不仅源自空间中不断导入的艺术、文化气息，更重要在于提醒周遭：这里依然有新的可能性在生长，这里依然值得期待。

　　"公司"艺术小组以"肆"空间为连接点，邀请艺术家与街道上的商户一起参与实施"庆云街"艺术节计划。因为艺术的介入构建起艺术家与商户的"临时关系",艺术家与商户沟通、协作,设法让普通人参与作品的创作、实施、展现中,从而构成了这条街道上的"另类生活事件"。艺术家杨然在街边实施的"食不言"参与式影像作品,邀请附近观众一起共进晚餐,但是需要遵守相互不能说话的"游戏规则"。在一旁的镜头捕捉下参与者从尴尬的状态逐渐变得轻松随意的进餐过程。身体的姿势,目光的接触,成了去除身份、语言之后的个人表演,由于语言的限制反而让参与者的感知更敏感,体会到日常状态之外人与人之间微妙的身体联系。在这个片刻的时间中,庆云街上的商家、店户从机械的经营劳作中暂时解脱出来,让勉强维持的老城街道出现了一种文化生态上的变量。

查尔斯·瓦尔德海姆在《景观都市主义:从起源到演变》一书中讲到"景观设计学科作为一种修复性实践所发挥的作用,像是一种治疗工业时代创伤的膏药"。[1]"疗愈性"在生态艺术实践中被认为是艺术介入社会中的一种价值定位,尤其是在复杂的城市空间生态中,对于一些没落的、衰退的空间的修复和疗愈,往往比单向的城市发展更重要。通过对周围环境影响的案例,我们能够体会到艺术介入市井空间所产生的"疗愈"机理。生态艺术的介入性不诉诸视觉化的景观呈现,而是真实、持久地融合到现实场域中,以一种直接的方式提示着某种价值的存在。市井街区的社会形式和文化属性,植根于城市结构中各要素(生产、消费、交换、行政、象征)构成的"社会形态的文化系统"。不同于社会生产所追求的效率原则,文化生态发展所遵循的逻辑不是更新、更快,而是文化生态系统拥有的"自愈性",在遭受冲击的情况下,能否通过社会自身的文化实践进行自我修复和疗愈。"空间疗愈"本质上是生态关系的构建,生态艺术在市井街区空间实践的价值正是在于,通过艺术家参与性作品和街区公共艺术的介入,转化在地性人文资源,不断修复"生产—消费"循环下产生的精神透支与街区的文化没落。在市井街区空间中,生态艺术构建起的文化生态,让历史的沉积物与对未来的期待再次回到公众意识之中,从而在市井街区中形成自我认同,激发社群的自主意识。

2."共学圈"的生长与连接

社区空间与市井街区不同,是更加宽泛的区域空间,区域内是相互依存的生活资源、人际关系共同构成的共生性的生存状态。埃比尼泽·霍华德"田园城市"的构想中,社

---

[1] 查尔斯·瓦尔德海姆,《景观都市主义:从起源到演变》,陈崇贤、夏宇译,江苏凤凰科学技术出版社,2018年,第30—31页。

区空间被比喻为不同的毗邻单元，邻里单元既自成一体，又都有开放的通道，能够连接更上一级的单元。[1] 按照埃比尼泽·霍华德的观念，邻里单元构成了一种稳定的社区层级结构，在社区内人们的基本生活需求、教育培训、文化娱乐都被整合其中。

然而，这种观念对应的是人口结构相对稳定的"田园"社区，这种社区可以理解为一个有物理边界的区域，而在高流动性的现代城市生活状况下，生活在社区中的人口所形成的社群并没有一个清晰的物理边界。社群空间是一个交往结构，而非城市规划的建筑空间结构。是否能够被看作一个社群关键在于彼此的认同和某种共性特质。今天中国高密度人口城市的社群结构中的复杂性，是远远超过霍华德理想化的构想。

从社群边界的角度看，边界的形成本质上是由于不同经济状况、价值观念形成的人际区隔。因此，人际区隔实际上也是生存状况所导致精神世界结构化的问题，而且不同社群缺乏有效连接的方式，人际区隔就难以消除，就如同我们熟悉"社交分层"的现象。从马克思·韦伯到路易斯·沃斯关于城市文化研究中都谈到：由于人口规模的增大"城市生活方式显著特征表现为：血缘关系纽带弱化，家庭的社会意义衰落，邻里关系消失，社会团结的传统基础破坏殆尽……城市社会分解为一系列脆弱的片段化关系"。而中国由于其家庭传统伦理文化，即便在新兴的城市社区的社群结构依然以家庭为生活的核心单位。所以，社群关系更像一种"根茎"结构，以家庭为单位相互连接成大小规模不等的群体。这种连接并不依靠血缘亲情或是社会分工，而是彼此间通过某种"中间介质"产生的互动、交往所构建的共识。

蔡元培先生之所以提出："以美育代宗教"的观念，并且这个观念一直延续到今天，原因就在于艺术是除宗教以外最接近精神世界的人类活动，是可以超越物理空间连接共识的"中介介质"。所以，艺术对于文化认同、社群共识有着天然的影响力。但事实上作为传统视觉审美对象的艺术和保持前卫精英立场的艺术，并不能产生有效的社群连接性。而生态艺术与前者的区别就在于，生态艺术社区实践的诉求就是创造某种公共话题或者活动吸纳不同的社群关注或参与。在众多社群关系的切入点中，教育无疑是最大公约数的话题，生态艺术与教育的结合能够从一个点上对社群产生更直接和宽泛的影响。

中国台湾学者林志铭在《蓝海：公共美学》一书中提出了通过公共艺术建构"共学圈"的观念[2]，其核心就是通过区域内艺术实践、教育养成融通社群边界，用社会美育的方式

1 埃比尼泽·霍华德，《明日的田园城市》，金经元译，商务印书馆，2017 年，第 13-16 页。

2 林志铭，《蓝海：公共美学》，暖暖书屋文化事业股份有限公司，2017 年，第 272 页。

凝聚不同的圈层。"共学"并不是对于某种知识技能的学习，而是围绕着艺术、审美、参与所带来的一系列经验认知改变。生态艺术在社区空间中实践的意义正是在于能够对这种经验认知的形成起到促进作用。

艺术行动的社区实践，往往需要通过像美术馆这样的文化平台来提供持续性和知识性的支持。成都"A4"美术馆从 2014 年开始每年举办一届的 iSTART 儿童艺术节，就是艺术与社区美术馆结合，以美育作为连接点构建社群"共学圈"的案例。iSTART 儿童艺术节不仅仅做视觉化的呈现，而是从底层架构上设置了一种立体化、多维度的共创模式。运用公共艺术的实践逻辑将社会教育资源、社群教育资源以及公共艺术资源导入美术馆场域，通过艺术家和参与者讨论、交流，寻找共同关注的环境问题、家庭问题、社会问题，进一步以问题作为导向搭建项目式的创作情境。

iSTART 儿童艺术节在参与者、艺术家、社群关系间搭建了有效的共创模式，首先从展览的参与者来看，以儿童为主体的展览不同于职业的艺术家专业圈层的展览，每一位参与创作、展览小朋友的背后都与其家庭成员紧密联系，若干不同身份、职业、年龄的家庭成员都会以亲子关系的纽带共同融入其中。由于单个的家庭又能辐射到更广泛的社会圈层，所以每年的 iSTART 儿童艺术节都有数以万计的观众前往参观。从社群边界融通的角度看，关于儿童的艺术教育是非常有效的连接点，通过展览产生社群连接的渗透性远远超出了一般艺术项目产生的作用。

其次，整个 iSTART 儿童艺术节的展览作品采用联动艺术家、艺术机构等力量参与共创的模式。艺术家参与到项目中来，不仅仅体现个人的专业能力，更是将当代艺术

第一届 iSTART 儿童艺术节海报，2014 年

第三届 iSTART 儿童艺术节展览现场，生活的积木，没大没小的世界，A4 美术馆，成都，2016 年

视觉转化的方法论带入其中。这样不仅保证了整体展览的视觉品质，而且过程中对于创作的亲子家庭会是一个专业学习的体验。由艺术家和参与者构建的生态艺术项目在 iSTART 儿童艺术节中扮演着重要的角色。这样的项目不同于传统课程制下单一绘画媒介的表达，而在创作的前期阶段就要进行大量的课题调研，过程中还需要进入某种情境和参与者展开讨论。最后的视觉呈现阶段不同专业背景的艺术家会将自己关于空间、关于材料、关于影像技术的知识告诉小朋友，由小朋友或亲子家庭来实施制作作品。

生态艺术项目通常会抛出一些关乎环境、社会、家庭、成长、角色的话题，比如如何用艺术化的方式处理废弃物的"旧物变奏曲"项目，需要参与的亲子家庭共同讨论各自家庭中产生旧物的原因和处理旧物的办法。在艺术家的引导下对各自家庭中的旧物进行区分，从中寻找出具有可塑性的物品，在项目工作坊中亲子家庭与艺术家一起对这些物料进行视觉转换，创作出具有生态意识和环保主题的作品。聚焦家庭议题的"问题花园"，以文本对话的方式在艺术家构建的空间场域中展开，并且观众可以通过留言，讲述自己和家庭亲子间的问题和关系。"问题花园"项目中的每一条文本信息都有其真实的语境，文本与文本又形成一种间接对话的关系，也许自己的问题能够在别人的叙述中找到答案。类似的生态艺术项目都架设了各种关于问题讨论的情景，问题讨论和作品创

第四届 iSTART 儿童艺术节展览现场，无限建造公共搭建，A4 美术馆，成都，2017 年

第五届 iSTART 儿童艺术节，童年疗养院，艺术家雷磊展览现场图，A4 美术馆，成都，2018 年

作可以视为一个主动学习的过程，也是将生态艺术创作在教育情境中展开的过程，并且通过充满互动性的过程让作品真正可以通过亲子关系、家庭关系进而连接到更广的社群，甚至形成社会性的话题。这种连接和传递的信息，就是一个关于生态艺术知识、意识不断扩散并产生连接效用的过程。"共学圈"的概念在这个意义上得到了最为有效的体现。

在社区内对于"共学圈"的建构和维系是一个长期的过程，尤其是不能停留在展览产生的视觉效应上，因为生态艺术的社群连接需要经历从视觉性到参与性再到知识生产性的深化过程。只有当视觉观念变为一种可被讨论的话语，这个观念才具备了传播性的条件，最后形成一种关于生活、情感、生态的可感可知的知识，对于传播链条上的社群共识的建构才具有真正的价值和意义。所以，iSTART 儿童艺术节围绕着每年的主题和视觉呈现部分，持续性地开展知识性的工作坊、讲座、教育论坛。通过不断的知识生产动员社会共同搭建更为广泛的艺术教育网络。

在 iSTART 儿童艺术节实践经验下能够看到生态艺术与社区美育相结合的可能性。社区美术馆作为社区中的文化空间，同时为生态艺术的实践提供了开放的平台，将参与性的艺术项目嫁接到常设活动之中。生态艺术的社区实践，通常借助美术馆空间来与公众产生有效连接，这也是美术馆由"殿堂"不断走向社区的内在驱动力，社区美术馆是城市空间中重要的文化"枢纽"，是超越社会生产之外的精神场所，同时也是聚合社会文化资源的场域，通过视觉性的传播产生文化影响并向外辐射，从而增强区域内社群生态的文化认同感。"A4"美术馆通过 iSTART 儿童艺术节所搭建的平台像是社区文化生态系统上的"枢纽"，将外在的文化资源导入美术馆空间，进行视觉性、知识性转换，采用的共创模式进行视觉转换和知识生产，并不断通过知识生产、传播，向外输出丰富的文化资讯，从而在社群构建与艺术教育相关的共识性。

通过对成都市井街区、新兴社区两种空间模型中艺术行动机理的分析，不难看到艺术行动的"生长性""连接性"在城市场域中如同一种感性的介质，注入到结构化、秩序化的空间中，使得城市空间中的历史性、现实性以及个体生存状态得以相互连接、相互敞开，散发出感性的光辉。正如列斐伏尔的空间理论所指出，城市空间是历史的、经验的，是处于演化和不断建构过程中的社会关系重组。

在若干的案例里，我们可以看到，城市空间中共同体的边界，通过艺术的作用不断扩展，与自然空间、社会文化空间发生交融。艺术行动的"生态性"在于通过艺术化的视觉转换，将生存空间中的问题、处境以及社会现实编码为可被普遍感知、体验的视觉符号，从而引起更广泛的讨论和关注。艺术行动的"生态"理念在于将环境、社会和人看作是一个有机整体，在各种社会关系的互动过程中体现出生命的含义和文化的自主意识。艺术的介入将个体的经验、社群的共识以及环境因素转化成符号性、象征性的文化空间，从而构成相互连接的有机整体。生态艺术的实践正是基于社会关系的整体性，促进个体与社群的交融，生成能够超越地域空间、圈层隔阂、文化习俗的生活理想甚至是价值观念。

3. 地方叙事中的"跨域"与"游牧"

重庆这座山地城市以其空间的多样性和历史层叠性著称，除了视觉化的城市景观以外，城市生态与在地性艺术实践的关系更反映出"空间生产是空间本身自然性、社会性和精神性的生产"。[1]重庆的城市轮廓和发展动线由长江、嘉陵江天然水系勾勒而成，作为航运枢纽，从晚清通商开埠、抗战中的大后方、新中国成立初期的三线建设，重庆深深嵌入到时代变迁之中，历史记忆积淀下来成为特别的空间肌理。山地城市的高差空间，小尺度、高密度的街道也深刻地塑造着个体的社会行为。所以，相较于地处平原的城市，重庆的艺术实践更侧重于城市空间的微观生态与生存感的叙事。

---

1 包亚明，《现代性与空间的生产》，上海教育出版社，2003 年，第 47 页。

　　重庆身处西南腹地，经济动力、城市发展不及"北""上""广"一线城市的地理、历史优势，但是文化艺术自成一体，塑造了极具地方性的城市文化生态。四川美术学院与黄桷坪社区的共生关系正是城市中"人－地"关系微观生态的体现。四川美术学院（老校区）地处黄桷坪货运码头厂库区，但是源源不断地输出着具有代表性的艺术家与艺术作品，在全国范围内都具有广泛的影响力。从20世纪80年代名动一时的"乡土叙事""伤痕艺术"到90年代的"都市人格"，川美的艺术脉络都深深植根于"地方性"所产生的时代共鸣。黄桷坪正是这种基于城市空间"关系再生产"的缩影。

　　黄桷坪作为重庆早期工业生产、运输的核心区域，在沿江而上的台地空间中密集地分布着各种大小居民区、工厂、铁路运输枢纽，四川美术学院就镶嵌在其中。由于开放的教学风气，周边的茶馆、货运码头、民房中的画室都成为天然的教学场所。学生、老师的日常生活、艺术创作完全融入黄桷坪社区生产生活空间。在大多数川美师生的记忆之中，"茶馆"是一个绕不开的场所，因为这里不仅是一个喝茶的地方，更是教学的"课堂"。具有浓郁重庆特色的市井生活浓缩在"茶馆"空间与人际交往之中，透过"茶馆"

交通茶馆

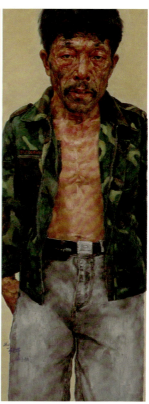

沈桦，民工，180cm×80cm×3，布面油画

这个"窗口"，画速写的师生勾勒茶客的形象，收集创作素材，同时也养成了直面现实生活的审美视角，以至于20世纪90年代以来出现了大量描绘城市生活场景主题的艺术创作，街边的"棒棒"、打台球的年轻人、开往黄桷坪的中巴车、极速变化的城市面貌。

黄桷坪与川美是一种相互敞开、相互融入的关系，川美的师生以艺术的感性将黄桷坪包裹在乌托邦式的想象之中。这种想象超越了一般社区的功能与意义，无论是散居在川美周围的学生还是慕名而来的"艺青"都自称为"黄漂"。这种"漂流感"不仅应和了黄桷坪的地缘历史，同时也成为艺术生态内在特质，彼此认同的自驱力。

随着2000年以后本土艺术全球化的进程，黄桷坪也出现了由仓库改建的"501艺术区"，除了艺术家工作室以外，2007年前后"器·Haus空间""序空间"等独立艺术空间入驻其中，开展实验性展览、研讨、国际艺术家驻留项目。由于消费习惯以及文化传统，重庆一直没有形成完备的本土商业画廊生态，反而更加促成了地方独立艺术空间专注学术交流、社群构建的转向。"漂流"或"流动"以另外一种形式显现在独立艺术空间区域化、国际化的实践中。

"器·Haus 空间" "序空间" 在黄桷坪驻扎的十余年间，持续开展展览、研讨、对谈、分享、驻地、写作等活动，无论是国际驻留还是跨域展览交流，"行走—对话"作为一种简单而又都带有本土特质的工作方法一直贯穿始终。"行走"是一种具身性的行动，重庆的城市高差空间具有天然张力，而且其中蕴含丰富的历史脉络、文化层次，当身体游走在这些不同尺度的空间中，常常会产生时间错位的"幻觉"，正是这种"幻觉"导致在城市化经验的惯性中产生某种"顿挫感"，疑惑、怀疑成为"对话"的驱动力，通过"对话"再激发行动。这种由"对话—行动"导向"话语"的生产机制带有鲜明的"游牧"色彩，早在 2015 年 "器·Haus 空间" 就与本土年轻艺术家共同发起"劳动是金色的——青年工作坊"探讨临时性团体彼此协作、彼此激发的可能性。在接下来的"HW工厂计划""地方 PLACE 计划""北碚计划"可以看作是一系列持续而深入的在地行动。2023 年 12 月由崔灿灿策展的"游牧在南方：河流、隧道、湿热、星群"在深圳坪山美术馆开幕。展览以超越"中心—地方"自然地缘视角观察不同城市内部以及相互间的流动性，"器·Haus 空间"作为重庆的机构样本将"地方实践"汇入到更广泛的城际间的互动与讨论。重庆艺术生态所凸显的内在差异性正如"器·Haus 空间"策展人倪昆所言："重庆直辖之后的所有论述都离不开城市和城市化的讨论，城市发展的阶段性特征造就了讨论议题的差异化形态，而机构多年的工作，也同步于这样的外部语境，并不断地围绕'艺术—社会'对话的各种路径展开探讨。在具体的推动中，记忆、想象、历史、现实如何构筑出艺术世界与真实世界的关系？这些元素如何集合创造性的艺术语言成为个人介入社会的能动力？以至于形成一种集体的时空景观？都在机构的持续工作中不断被反思和提及。"

城际间的互动关系不仅是彼此参照，更是提供了一种外部视角，从外部视角来看城市的文化生成并不限于"地方实践"中的地理空间行走与迁移。因为"游牧"的本质是对边界的不断拓展，而这个边界不仅仅包含地理范围，还包括在地实践方法论的演变，以及审美范式转换后行动路径的切换。当城市化达到一定程度，公共空间将会对自身与城市关系展开追问，而美术馆公共职能的演变、迭代反映出更深层次的生态结构问题。如果将美术馆空间的公共性与专业性展开来看，在一座城市之中，越来越多的美术馆开始意识到，作为美术馆除了展品陈列与展示以外，更重要的公共职能在于通过美育行动塑造自身的公共角色，与城市文化生态构成有机的整体。随着城市基础设施建设的完善，人与空间关系由张力关系转变为对话关系，美育项目所产生的社会连接性变得越来越显著。美育可以在不同人群之间超越物理空间的区隔，形成相互连接的"中间介质"，跨越人际之间的隔阂实现不同经验之间的分享。

原·美术馆作为重庆本土专业的当代艺术机构,从 2018 年开始推出 O'Kids 儿童艺术节,2020 年 O'Kids 儿童艺术节的主题设定为"儿童友好型城市",将艺术节本身作为对城市文化生态多样性问题的回应。基于"儿童友好城市"这样一个主题,在 O'Kids 儿童艺术节的策展架构里面可以看到一条双重路径,即是从儿童视角出发强调通过艺术活动激发儿童的创造力与学习实践能力,并且邀请策展人、艺术家、教育机构进入展览现场展开对话交流。与此同时,艺术节展览的现场以及对话交流形成的话语场域形成对未来城市发展可能性的提问。一个城市的公共传播、文化资源、教育平台能否对儿童这个群体给予足够的支持与关注,所展现出的是城市文化空间的丰富性与包容度。

O'Kids 儿童艺术节展览现场,原·美术馆,2022 年

"儿童友好型城市"不仅作为 O'Kids 儿童艺术节的空间坐标,同时也是原·美术馆释放其公共职能的路径。作为美术馆面向社会公众的展示与传播常常是以自身的文化 IP 作为牵引力,或者是面向专业群体的定向发布,旨在深化特定领域的研究与拓展。O'Kids 儿童艺术节所具有的美育属性,使得美术馆也转变成一个社会行动者的角色,以更具行动性的方式连接本土艺术家、教育创新机构、建筑师等团体,形成跨领域的美育实践群体。展览构架以学校美育创新课程作为另一条主线贯穿始终,与更广泛公共领域的艺术家个人项目、创新教育机构的前沿探索、社区营造的教育实践形成对话关系。这种对话关系的构建对美术馆自身公共性的要求就是一种挑战,如何判断充满流动性的社会现

场与教育、美育的关系，如何将其编织为一条公共空间中的叙事？提问即是行动，当一个静态的美术馆机构将自身的疑问以及公共空间的问题连接在一起必然会引起来自社会现场的"回声"，当多元的"回声"沿着教育、美育的路径汇集到展览的现场，所呈现出来的不仅仅是视觉外观的精致与新奇，更重要的是构成了一种美育实践的"行动者网络"。

O'Kids 儿童艺术节展览现场，原·美术馆，2022 年

　　在庞大的项目构架中，如何呈现出清晰的路径同样是 O'Kids 儿童艺术节需要面对的问题。从 2020 年开始在"儿童友好城市"主题下设置了"临时学校""公共教育与社交空间"等议题作为串联社会美育行动的线索。对应不同的议题可以将参与行动的项目划分为不同的单元。其中上桥南开小学、树人小学、巴蜀常春藤学校引入艺术创新课程所创作的"感应时钟""重庆交通变迁哥德堡装置""重构地理图景"等项目充分展现了跨学科学习所展现出的创造力与想象力。来自贵州的建筑师团队"无名营造社"，将传统木构建筑的大屋顶作为空间元素提取出来，在展览现场进行搭建。建筑师以严谨的木构建造工艺将地方方言中"三天不打，上房揭瓦"的"房顶"诙谐地展现在展厅中间，成为一个可以攀爬、玩耍、围坐交流的公共空间。艺术家陈镒、李牧、王莹、赵谦以自身亲子关系日常记录的方式构成了儿童档案室单元，在这个档案中并不刻意突出艺术的视觉性，而是将亲子关系放回到最自然的场域、状态进行叙述与记录。从某种意义上讲，艺术家试图表达的是我们如何摆脱工具理性的规矩，重构一种自然而亲切的感知经验。

O'Kids 儿童艺术节展览现场，原·美术馆，2023 年

　　在多元话语的交汇中，社区营造代表着另外一种更加外在于学校、美术馆系统的声音。来自上海的"大鱼社区营造发展中心"、成都的"集火实验室""童年秘密档案馆"都以在地性的工作方法架构起个体在社群中的表达途径。社区营造单元的项目案例形成不同城市间文化生态与活力展现的相互参照。其中"童年秘密档案馆"聚焦于个体经验的历史叙事，这种叙事将宏大的城市史与个人史相互交织，再以特定的方式与公众进行互动，形成多重记忆的叠合与转换。在转换的过程中，个人的"秘密"成了历史的映射，同时也是对今天的"提问"，我们的城市如何能够给个体的生长留出足够的空间与弹性，以便在充满区隔的城市规划中让人与群体、个体与社会之间能够形成有机共生的关系。

　　O'Kids 儿童艺术节汇聚的多元生态可以视为美术馆公共身份转换的行动导向，美术馆的工作范式从过去"艺术展览"框架中摆脱出来。基于美术馆展开的美育行动作为社会创新方法，改变了"美术馆—艺术家—艺术品"所构成的关系范式，将自身公共职能作为行动的驱动力，并与来自不同领域的艺术家、公益组织、教育创新机构共同嵌合到城市文化空间涌现生成的过程中。通过美育行动的连接性，美术馆成为一个复合空间，不断回答公共空间与城市可持续发展关系的问题，将承担起激发城市文化活力、培育社群生态、凝聚共识的美育功能。

O'Kids 儿童艺术节展览现场，原·美术馆，2022 年

通过对成都—重庆这两个城市作为样本分析后会发现，城市的地理感知以及空间中的历史意涵对城市文化、社会意识产生的影响是一个连续的过程，贯穿了历史与现在，塑造了两种截然不同的城市性格。这种差异也包含在公共空间中的艺术实践方式，以及公共关系重构的路径之中。成都作为田园城市自带的市井属性，具有将一切"风云际会"化为茶余饭后的"家长里短"的魔力，骨子里的态度是"没有什么大不了的，请不要影响我生活"。所以"个体叙事"始终是成都城市文化生态的底色，在公共空间实践中往往也会因为过度弥漫的"烟火气"而丧失艺术行动的张力。20 世纪 90 年代，先锋艺术在成都获得生存空间，并成为当时备受关注的社会文化现象，但随着商业画廊的成熟、民营美术馆的兴起，以消费为导向的审美经济又将公共空间的艺术实践带向了附庸风雅的潮流审美。类似于"肆"空间的独立书店、实验小组的勉力维生远不及"成都迪斯尼"所带来的关注效应；90 年代先锋艺术成为档案，被妥善保存在"UP-ON 向上行为艺术家档案馆"之中，档案馆所在的老城区也没入了烟火飘飘的市井繁华。尽管城市中弥漫着审美潮流的景象，展现了一种社会生态学所描绘的"共生"状态，但是我们不禁会问：城市作为一个具有生命力的"有机体"，如何创造一个能够容纳情感、经验、社会意识的表达空间，一种具有自我意识、对话机制的公共关系？

而重庆这座江河城市，带有贾樟柯电影《三峡好人》中所流露悲情豪迈的色彩，个体叙事往往被自然环境、历史、极速变化的社会所冲淡，取而代之的是空间中的流动感与生存张力之间的关系叙述。四川美术学院（黄桷坪老校区）与黄桷坪社区在相当长的一段时间里构成了相对稳定的共生关系，但随着 2005 年四川美术学院大学城新校区启用，黄桷坪不复昔日活力，"器·Haus 空间""序空间"也于 2023 年迁往北碚"北玻厂"，空间关系处于持续变化的过程之中，这一切仿佛构成了另一种"流动"的隐喻。当然这种"流动性"并不包括艺术与公众的互动，由于"缺乏基础的艺术商业环境，在重庆，艺术家工作室更类似于生产性质的艺术作坊，发展良好的艺术家其合作画廊也基本上在外地，这在事实上也让艺术家缺乏主动开展在地联动的动机。"[1]尽管本土独立艺术机构通过开展"国际艺术驻留计划""跨域展览交流"积极营造地方艺术生态，但是整体上还是停留在艺术系统内部发生的讨论与交流，缺乏有效推动艺术与公众互动的路径。

　　如果我们不理解"城市是人性的产物"[2]也就很难接受城市文化的多样性，与此同时，城市持续不断的"空间生产"也渗透着时间、空间、新的生命经验和公共意识，只有从整体的城市生态出发才能发现艺术的公共角色转向过程，以及过程中行动的意义。A4美术馆作为目前成都最具活力的公共空间，最初也因为定位为"关注推动当代艺术实验平台"而受困于艺术性与公共性脱节的问题。[3]经过长时间的摸索与实践，2017 年 A4美术馆在麓湖新馆开馆之际重新确立了"以公共教育活动保持与艺术界与公众持续对话"的定位[4]，并且将 iSTART 儿童艺术节作为一个共创型的公共教育平台，保持与儿童、艺术家、公众、学校、教育创新机构紧密互动。通过将艺术与教育作为方法，iSTART儿童艺术节赋予儿童这一特殊群体表达的权力，将儿童的创造力与社会议题相互交织，讨论生活的社区、城市的未来、教育的可能性。iSTART 儿童艺术节构建了一种新的公共关系的形式，共创者、艺术家、机构、公众都能在这个形式里找到自己的位置，并且可以平等地对话，表达自己的看法。A4 美术馆凭借持续 10 年对 iSTART 儿童艺术节及公共教育项目的推动，孵化了上百个艺术共创项目，实现了美术馆公共关系模式的转型，并且影响美术馆、博物馆、学校、教育机构重新看待美育的可能性，一种与美育行动紧密相关的公共关系就此展开。

1　倪昆，《错位：一轮关于重庆、贵州当代艺术生态的考察报告》，坪山美术馆公众号，2024 年 5 月 22 日。

2　罗伯特·E. 帕克，《城市：有关城市环境中人类行为研究的建议》，杭苏红译，商务印书馆，2020 年，第 1 页。

3　李杰，《从儿童赋权到生态共创：从 iSTART 儿童艺术节看 A4 美术馆的公共关系转型》，第十届 iSTART 儿童艺术节研讨会文献。

4　同上。

自 20 世纪 90 年代以来，成都在艺术领域展现出的公共关系结构在今天正经历范式的转换，从市井空间中的自由生长转向了以美术馆为载体的艺术教育行动。而以艺术教育与公共关系的视角再次看向重庆城市空间中的艺术生态，另一幅图景也会徐徐展现。由于四川美术学院的存在，可以说艺术教育从未在这个城市中缺席，不过由于学院本身所具有的教育职能和权威性，很少将其放在微观社会生态这个层面来讨论。但是前文提及的"器·Haus 空间""序空间"的创办者都有美院教师的参与，由于这样的缘故，美院的学生既是空间中的观众，又是一些艺术项目实践的参与者。甚至在黄桷坪川美老校区这些独立机构成为学生接触了解社会的窗口。美院老师常常充当艺术行动的发起者，早在 2003 年钟飙就带领学生进入"上江城"清水建筑空间中举办实验艺术展览[1]，引起大量市民关注；2012 年焦兴涛带领年轻艺术家以及学生在贵州省桐梓县羊磴镇发起"羊磴艺术合作社"[2]，"试图让这个没有历史、没有故事的小镇百姓开始讲述自己"[3]，与此同时也开启了跨越学院教育与乡村连接的艺术实践。在 2019 年前后，四川美院以社会美育作为教育创新实践方向，推动"中国乡村美育行动计划""中国社区美育行动计划""愈园计划"等一系列具有社会性、公共性的艺术项目。

从这样一条脉络中似乎看到了隐含在当代艺术与公共关系中的"替代空间"（Alternative Space）[4]路径，但是基于美育实践的"替代空间"不同于临时展示空间的"权宜之计"，而是一种更加积极的空间实践。无论是城市中的清水建筑空间还是社区广场的公共空间，在学院教育体制之外，这些空间都可以被看作是介于教育场所与艺术机构之间的"替代空间"，是面向社会生态的美育实践的附着点。尽管学院教育并未直接将公共场域作为实践的对象，但是"替代空间"却作为一个中间环节，将学院教育势能导向公共空间，调和了因为缺乏机构运营而显得疏离的公共关系。

一百多年以前，芝加哥学派将城市视为一个"具有生命力的有机体"[5]，将对城市的理解建立在全方位的空间、时间与个体情感经验相互交织的过程中，开创了城市生态学理论。而今天城市化的进程如此迅猛，一切都处在极速变化之中，越发原子化的个体如何确认自身与城市的关系，如何获得更理性的表达途径，以及城市如何调剂发展中所面

---

1 倪昆，《错位：一轮关于重庆、贵州当代艺术生态的考察报告》，坪山美术馆公众号，2024 年 5 月 22 日。

2 焦兴涛，《寻找"例外"：羊磴艺术合作社》，《美术观察》2017 年第 12 期，第 22-23 页。

3 同上。

4 杨卫，《从替代空间到公共空间：中国前卫艺术的合法化过程》，《雕塑》2019 年第 4 期，第 54-55 页。

5 罗伯特·E. 帕克，《城市：有关城市环境中人类行为研究的建议》，杭苏红译，商务印书馆，2020 年，第 1 页。

临的"城乡二元""阶层壁垒""景观社会""资源不均"等内部矛盾？物理空间中的"生产"与社会意识的构建，越来越成为城市生态中两个重要的维度，而社会意识是对城市公共关系的反映，从今天不断生成的公共话语来看，公共关系意味着另一种"空间生产"。

空间中的关系往往是"生产关系再生产"的驱动力，并且不以可见的方式展现，正如我们感到达成"共识"的乏力感，艺术审美的可见性成为了关系性的表征，以至于把抽象的关系连接到有形世界。且美育实践不仅关注个体审美体验，在极速变化的社会环境中，以"游牧"的方式深深嵌入到城市生态之中，以在地性的方式重新搭建人与人、人与地方的关系，通过激发被现代性规训、遮蔽的个体经验，生成新的感知和共识。由于美育实践以艺术的审美感知作为中间介质，通过"公共空间""替代空间"连接起社区、市井、社群、教育、生产、消费、流通等城市生态的各个层面，让个人经验、历史记忆、地方情境、空间结构相互融通，相互激发，并创造有效的表达空间。美育的生态性不仅仅在于与自然环境的联系，更是以现代城市生态为基础。在成都与重庆展现的双城空间中可以看到，城市中的地缘、功能、历史、文化与公共关系构成了充满差异性的城市性格，与此同时，这两座城市各自都发展出来具有美育特质的公共策略，在社会的变迁中通过美育行动不断重构公共话语空间，调试社会意识。无论是基于美术馆建构的"共学圈"还是基于学院教育自发生长的"替代空间"，无疑都成为城市生态中，艺术通过特定的关系结构向社会现场延伸的社会行动，也是美育融入社会生态与公共意识相互调剂、相互塑造、持续自我更新的"游牧"过程。

Chapter 2

iSTART 儿童艺术节中的社群构建与美育生态

本单元特别鸣谢普照、张靓在文献采集、采访联系、稿件审核等方面提供的支持与帮助。

从 iSTART 儿童艺术节 10 年发展历程，
看儿童参与共建美育生态的可能

文 / 李杰

1. 从儿童出发，由艺术连接

人们时常习惯于将儿童定义为"未成年人"，而在我看来，儿童不仅仅是人类成长的一种阶段，也并非全然是儿童成人的预备形态，儿童是具体的、特别的、开源的、完全的"全人"；而作为被社会塑造的成人反而可能是被区隔化、系统化，甚至被规训的人，他们也是有限的人。可以说"成人"是持续的动态过程，而非单纯法律上的一种明确的界定。如果把人不断前进的一系列发展的年岁划分明显的界限和造成截然的对立，从而完全忽视持续不断的进步、活生生的联系和生活的本质，那是十分有害的。[1]

这样的论述，指向了人类对于自身的认知与教化的问题——我们应该反思，在我们过去为儿童设计的"成人"过程中，传统的教育到底扮演的是一种怎样的角色：是抵达全人的过程，还是对"全人"异化的过程？如果我们将儿童视为真正意义上的"全人"，他 / 她就将必然是一颗特别的"试金石"——他们特有的坦诚，睿智与敏锐的洞见，将直指我们周围，乃至我们自己身上所着的"皇帝的新衣"，帮助我们反思我们应该如何对待儿童，认知童年，反思教育，建构生态……

因此，与儿童对话、共事、创造就绝不是一件单向由成人为儿童设计的差事。它从根本上就应该是基于儿童的需要，表达与思考的持续行动，儿童在全过程都无法缺席，他们本就是能动者，而非只是被引导或保护的对象。甚至最有头脑的父母和老师（也许特别是这一部分人），都很少意识到成人与幼童之间可能进行启迪心智，富有成果的对话。[2]他们与成人对话共事的成长过程远远比结果重要。这也正是他们作为人类公民的基本权利。而平等的对话，参与社会生活的经验反响也会验证孩童更全面的能力，也更能佐证他们的成长。当然，更为重要的是，让儿童有机会在童年期感受更多来自社会的善意、理解与尊重，也会给予他足够的自信与试错机会。而参与艺术的体验就是儿童观察、

1　福禄培尔，《人的教育》，孙祖复译，人民教育出版社，2001，第 24 页。
2　加雷斯·B·马修斯，《哲学与幼童》，陈国容译，生活·读书·新知 三联书店，2015，第 163 页。

探索世界，表达自己的最为开放的入口。

儿童面对艺术，有着像面对自然一样的魔力：他们无师自通，无论是跟着节奏舞动，还是运用线条涂鸦，又或者是通过泥巴塑形，人类在儿童期怀有的旺盛好奇心永远是驱动人类探索自然、艺术及更多未知领域的原动力。这也是推动人认识世界……并从这种新的认识中重获新生的认识冲动。[1] 几乎大部分的儿童，都是富有个性的"天生艺术家"。而这里的"艺术"并非我们界定的艺术学科，而是更开源的广义艺术，甚至是探究未知的艺术 / 创造状态。"艺术"在儿童面前也必然需要超越其专业范畴的界限，回归激发创造的本源，成为儿童与内心，外在世界相互对话的桥梁，而更开源的艺术 / 创造所包容的多元表达与多元价值的特性将成为重新发现儿童，儿童重新认知自身与世界的绝佳路径，而对于这一系列问题的反复思考与实践正是 iSTART 儿童艺术节所关注最根本的原问题，这十年来从未有过改变。

2. 从小小的我开始

"iSTART"是 A4 美术馆[2] 自造的一个词：小写的"i"代表着正处于生命萌芽阶段的孩子们，同时也象征那些常被我们忽略的创造力的"种子"；而大写的"START"，意味着开始——开始探索、开始成长、开始感受、开始改变……"iSTART"想表达从每一个小小的"我"开始，通过回归儿童的视角，探索人类原初的、微观的、小的、更未知的可能性。

iSTART 儿童艺术节在 2014 年由 A4 美术馆团队创立，其愿景是：从儿童视角出发，与儿童共创共建一个富有创造力的多元美好世界。它通过鼓励儿童发声，借由多元艺术表达，激发儿童的创造与行动，逐步构建了由展览、平行展、工作坊、论坛、特别项目、演出等复合形态组成的艺术节。不同于一般性美术馆公共活动或教育项目的有限投入，iSTART 儿童艺术节融合展览、公教、运营、传播等团队协同工作，并成立由关注创新美育的实习生广泛支持的专项项目组，每年占用 A4 美术馆 2～3 个月的展期，并会用

1　弗朗索瓦兹·多尔多，《儿童的利益：学会如何尊重孩子》，王文新译，上海社会科学院出版社，2009 年，第 76 页。

2　A4 美术馆于 2008 年由成都万华投资集团创办成立。A4 在开馆时被命名为"A4 画廊"，"A4"源自其所在的建筑区域的标号，同时，因其不以收藏为基础，2008—2009 年作为画廊的艺文空间而存在，后由于其持续专注非营利性、在地性、实验性展览及项目，基于"画廊"在中国的狭义理解，2010 年末 A4 更名为 A4 当代艺术中心，扩展其多样态的当代艺术平台价值。2017 年 A4 迁馆至成都麓湖艺展中心，扩大其收藏，研究以及丰富的公共教育职能，正式注册民营非营利美术馆（NPO），同时拓展面向城市与公众的当代美术馆新的发展可能。2023 年，A4 美术馆重回成都麓镇山顶，正式转型关注人，连接人的"社区型美术馆"。

到几乎所有展厅来呈现数千名儿童的共创项目。[1] 而在不到 100 天的时间内，iSTART 团队还会和共创伙伴共同推出沙龙、工作坊、放映等近百场的公教项目，近年来更是通过游戏化设计以及"非常导览"项目，对不同年龄段的受众进行了一般性观展，深度体验，游戏互动，反思参与等多层次、多维度的展览体验迭代……

iSTART 儿童艺术节就像是在 A4 美术馆里种下的一颗小种子，在过去的十年里，这颗种子在不断地生长，逐渐探索出一条"向下生根"的道路，并一路开放性地欢迎更多鲜活的多元参与者与支持者，并逐步连接成一个滋养广泛儿童成长的"村庄"。因此，"从小小的我 /i 出发"在 iSTART 的 10 年实践中，绝非愿景性的口号，而是一片凝结着数以万计的儿童智慧与支持者汗水的真实而鲜活的沃土。

3. 从灾难启蒙到 iSTART 的诞生

2008 年，A4 美术馆刚刚成立不久，四川就发生了"5·12 汶川地震"。孙莉馆长决定闭馆，与艺术家、A4 团队一起奔赴灾区，邀请孩子们以共绘的艺术疗愈课堂的方式帮助受灾儿童抚慰心灵伤痛。2009 年 A4 重回正轨，在推动一些系列实验艺术策展项目之余，预留了少量的空间与时间给特殊儿童与边缘儿童，并策划艺术公益展览与募款项目，诸如"心的希望"（2009），45% 儿童艺术展（2011），"植物奇妙季 /Green Day"（2011），"画出彩虹"（2012）……对于儿童的关切逐步成为了 A4 公共关系发展的一条隐线。随后几年，A4 陆续在展览系统之外尝试构建更加独立的公共教育系统，并通过点状化的儿童展览与项目实践积累经验，走进了更多的儿童群体。

2013 年，通过前几年在城市、乡村推动的一系列儿童公益项目，A4 团队开始筹备在 2014 年暑期策划一个大型儿童艺术节项目，并反思如何更系统地推动儿童艺术项目。通过走访不同的机构、社区儿童处境，A4 团队看到了即使在城市中，儿童创造力普遍被压迫的处境与表达的不易。并明确了儿童项目应该拒绝艺术比赛形态，不再卷入竞争或淘汰儿童的筛选机制之中，而是突出儿童与艺术表达的开放性与多元性，尽量降低门槛，保持持续性。团队也逐步认识到项目本身应该有内在的生长性与问题意识，需要融合展览及公教部门，避免策展与公共教育的关系脱节，从而也推动美术馆的内在改变。

1　iSTART 儿童艺术节由 A4 美术馆发起。每一年的主题展览一直由展览团队与公共教育团队深度合作推动。虽然儿童项目的主要负责人没有超过 3 人（策展人 1 人，展览总统筹 1 人，公教传播总统筹 1 人），但 iSTART 项目组通过招募实习生专项项目组，以及联合美术馆全团队合作，推动超过 50 人团队完成每一年 500～1000 人的共创艺术家，教师与志愿者的合作，孵化上百个来自城市、乡村的家庭、学校、社区项目。从第一届 iSTART 数百名儿童到 2024 年第十届 iSTART，共计超过 8500 名儿童创造者参与。

2014 年，iSTART 儿童艺术节诞生。iSTART 迈出第一步的勇气，是 A4 美术馆数年间一个个"小小的念头"的集合，促使一间当代美术馆从一个绝对成人视角的美术馆逐步向儿童和更多元的群体扩延。第一届 iSTART 开幕当天就有接近 2300 名观众到达现场，将不大的场馆里里外外挤得水泄不通。很多的社区，教育机构自发组织儿童团体在展厅外排着长龙等待看展。我们也特地将美术馆对面临街空间全部租用，推出 12 个特别项目的体验空间，街道人们拿着手中的项目指南地图，挨个儿串门参与活动，生怕漏过了有趣的内容。孩子们和家长们不停地和我们交流，参与的艺术家和小艺术家应接不暇地回应着小观众们的"10 万个为什么"……仿佛一切都"活"了起来，这便是儿童"点石成金"的本领，我们永远无法与之比拟。[1]

第一届 iSTART 儿童艺术节开幕现场，2014 年

4. 为儿童策展到儿童成为的共创主体

在前两届 iSTART 儿童艺术节中，展览主题趋于模糊，多关注儿童感知力与童年文化。展览由艺术家、教育者与孩子们合作进行、共同创造，艺术家作品与儿童作品共同展示，创造出一个成人与儿童动态互动的空间。其中，由艺术家发起，或者由艺术家作为教师，以及由家庭组合发起的艺术项目成为了主角。到第二届 iSTART（2015）时，

1　李杰，《童年美术馆》，北京联合出版公司，2021 年，第 141–142 页。

儿童艺术节"主题展览＋特别项目＋系列工作坊＋教育论坛"的复合型模式基本成型。

从第三届 iSTART（2017）开始，展览主要由当代艺术主题展览与儿童艺术展览两种形态构成，形成儿童与成人作品平行对话的展览模式：当代艺术主题展以策展人主题理念为导向，艺术家作品创作为回应，协商展览作为工作方式；儿童艺术展览由策展人与公共教育部门主要协同，进行作品的公开招募与项目策划，美术馆团队以跟进孵化培育项目的方式推进。这一阶段的主题策展多关注童年问题，与日渐富于创造与多元的儿童艺术展览都开始了快速的迭代与成长。值得一提的是，在这一阶段，不少的艺术家弱化了自己的作者身份，以共同创作者和支持者的身份加入了儿童艺术展中的儿童项目。从 2018 年开始，开启了三年一个核心主题的展览模式，"学校"是 2018—2020 年的核心主题，原因来自 2017 年"嘎嘎国"的儿童创始团队所创作的"霍嘎尔学校"[1]，让

2014 年 3 个 9 岁的小女孩开始秘密地传递一本她们共同书写的小本子。3 年时间，这个本子里面记录了她们关于一个虚构的文明的想象——"嘎嘎国"。她们构想了嘎嘎国的国家形态、阶层、法律、神话以及丰富的文学艺术形态。2017 年，150 多位小朋友加入了他们的"国家"，并在 A4 美术馆 iSTART 儿童艺术节公开呈现了"嘎嘎宇宙共和国"的文化现场。该项目由一代又一代"嘎嘎们"共创延续，项目不断推陈出新，一直持续至今

1　嘎嘎国项目由三个 9 岁女孩在 2014 年秘密发起，孩子们构想并创建了一个类似鸭子的智慧外星文明。最开始她们的构想诞生在一个带锁的小本子上，三年时间没有告知任何成人，包括他们的父母。她们于 2017 年经由 A4 美术馆与 ZM 艺术教育支持，号召了 150 名儿童加入"嘎嘎国"的"建国智囊团"，该项目完全以儿童视角，自发协同创作的方式推动了"嘎嘎文明"的诞生。嘎嘎国项目作为 iSTART 孵化的持续时间最长的项目，同样经历了四个阶段：第一阶段（2014—2016）完全由 3 个小女孩秘密进行构想；第二阶段（2017）由笔者与 ZM 艺术教育团队经历 6 个月的持续共创工作坊推动完成；第三阶段（2018—2021）为社会连接与共创阶段，此时的嘎嘎国影响力逐步全国化，并形成了多个文明共创元宇宙游戏的项目；第四阶段（2022—2023）项目逐步成熟，第四代嘎嘎人又与初代嘎嘎人（第一代嘎嘎创始人已经成年，大多数已考上了大学，甚至毕业）再次合作，推出了"嘎嘎民族史""嘎嘎危机时刻"等项目。

我们看到了儿童对于学校教育的有力反思与重新建构的能力。而在疫情开始后，学校与美术馆停摆，iSTART 的主题探索又转向"游戏"，希望透过游戏的正向价值，助力儿童与成人建立更加平等的对话机制，也同时为美术馆或者学校提供一种更有利于对话、创造的共生模式。

　　从 2019 年第五届 iSTART（2019）开始，iSTART 将"扩展社会参与的广度和深度"作为项目的明确转向，逐步通过广泛的社会连接与持续项目的孵化与实践，明确了自身在参与性艺术、共创策展方面的核心工作方法，以此为特色展开了从儿童赋权到民众共创的多元尝试，并逐年推出"小策展人"[1]"小馆长"[2]"游戏编辑部""口斤言青少年论坛"等以儿童为主体、全过程儿童参与的项目。这些项目的共同特征都是以"交互式提问"的方式开始，鼓励儿童对真实世界提问，并探究其原因及创造性的改善方案。如同保罗·弗莱雷所观察到的：孩童逐步明白，世界并不是静态的现实，而是在发展、在改造中的现实。[3] 而且所有参与者都会意识到：儿童不只是积极的提问者，他们还是积极的行动者，他们可以参与社会中去实施改造这个世界。

2019 年 iSTART 儿童艺术节推出小策展人项目，小策展人黄一壹在自己创作的《蚂蚁乐园》前观察蚂蚁，呈现在 2020 年第六届 iSTART 儿童艺术节"行动学校"儿童艺术展中。黄一壹是一个对蚂蚁有热情的孩子，通过观察蚂蚁、饲养蚂蚁、自学与蚂蚁有关的书籍、向昆虫学家请教，最终在 iSTART 中号召了其他 58 位孩子建造了有活蚂蚁在其中的"蚂蚁乐园"，成为了当年 iSTART 中最受欢迎的儿童策展单元。2024 年，5 年后黄一壹又与父亲一起讲述自己 5 年的蚂蚁观察，研究成果再次在 iSTART10 周年现场展出

1　小策展人项目作为 A4 美术馆重要的儿童参与性展览项目，至今已经通过多元性的自主探索建立起游戏和现实的良好关系，帮助儿童成为 iSTART 展览真正的策划者。"小策展人"项目以培养"策展能力"为核心，通过创想故事、构建空间的社会实践打开孩子的思维疆界。美术馆全力支持进行游戏设计、创造无限生活并参与构建真实的世界。迭代过后的小策展人项目以全新的面貌与大家见面：展厅里随处可见小策展人天马行空的想象，小到卡牌形象的设计，大到游戏机制以及展厅布局的规划。

2　A4 儿童艺术馆（作为独立于 A4 美术馆，服务于儿童社群的社区儿童友好空间）决定将交给孩子们共同建设和运营，通过这个长期的计划，实现"儿童馆，由儿童来管"的目标。希望这个实践项目能够有真实的发生和落地。这是一个长期的计划，也是完全从 0 开始的，有大量的空白，需要和孩子们一起填充，十几位小朋友作为第一批特邀种子馆长，参与到了这个全新的实验。

3　保罗·弗莱雷，《被压迫者教育学》，顾建新等译，华东师范大学出版社，2014 年，第 47 页。

　　同时，iSTART 团队也逐步观察到了封闭的学校围墙阻碍了更多孩子看到丰富的真实世界，甚至压抑了他们的创造性与能动性。于是团队"迈开腿"先跨越自身"美术馆白盒子"的高墙，积极走入更多学校，通过数年时间拓展馆校合作机会，与公立、私立、小微学校建立的广泛的美育合作项目，通过工作坊具体启发老师，学生群体基于校本课程，运用项目制探究学习的方式孵化与推进以儿童视角共创的项目。与麓湖小学跨越 6 年的师生共创学校主题探究项目，诸如"游戏学校""好玩学校""折叠学校"就是其中生动的案例。

　　时至第六届 iSTART（2020），主题展部分通过 do it 项目[1]在 iSTART 的实验全年龄段参与共创艺术家项目共创的可能，透过艺术家发布艺术指令开放给参与者再创造的方式，正式扩延了艺术节开放合作的模式，并最终取消了参与艺术节的年龄限制。艺术在此刻再也不是一种天才化，庙堂化的存在，而是一种交织了儿童创造者、艺术家、教育工作者、研究者的混合社群，他们彼此间协同，共生所构建的游移的空间，"创造出自给自立、互相关联的身份，从而相互沟通，彼此提高、召唤或激发"[2]。

　　到第七届 iSTART（2021），当代艺术主题展览与儿童艺术展览完全融合为一个综合性展览呈现，当代艺术主题展览与儿童艺术展览从平行对话的状态走向了相互理解、协商共创、共同生长的融合模式。至此，iSTART 不再区分主题展与平行展，也不再强化成人为儿童创设的项目与儿童自创项目的界限，策展核心关注点回到人，以及具体的人的问题，透过儿童发现，以及重新理解儿童，反思社会。由此，儿童也自然有了更为平等的表达平台，iSTART 逐年递增的儿童参与量（到 2023 年第九届已超过 85%，到第十届已接近 90%），儿童成为了 iSTART 真正意义上的主体，他们的思想，行动，创造也通过具体而深入地参与项目设计、策展、创造、反馈、传播真正意义上从每一个细节都影响了 iSTART 的成长。

1　第六届 iSTART 儿童艺术节（2020）则联合了国际独立策展人（Independent Curator International），共同推出"do it"当代艺术主题展，这场由著名策展人奥布里斯特策展并发起，通过马拉松式的艺术实践扩延了"人人都是艺术家"的艺术主张，以数百位世界著名当代艺术家的创想指令，邀请在地共创者进行诠释、颠覆与再创造。本次在 iSTART 展览呈现了活跃在策展、绘画、雕塑、设计、电影、建筑、影像、舞蹈、行为等领域蜚声国际的艺术家带来他们富于创新与思辨的艺术指令，包括曹斐、小野洋子、翠西·艾敏、克里斯蒂安·波尔坦斯基、冈萨雷斯·托雷斯、大卫·林奇在内的来自 15 个国家的 26 位艺术家指令。

2　斯特凡妮·斯普林盖伊、丽塔·L. 欧文、卡尔·勒戈等，《与艺游志共在》，陈军译，中国社会科学出版社，2017 年，第 10 页。

2021 年，iSTART 又孵化了"小编辑部"项目，鼓励线上线下的 78 名平均年龄 7.5 岁的主编与作者共同为第七届 iSTART 儿童艺术节创作《没玩没了》刊物。这一年成立的编辑部在 2022 年推出了《PLAY BOOM》特刊，2023 年推出了互动游戏刊物《？！》。到 2024 年，小编辑们经过几年的成长和迭代，经过自主讨论和策划，推出了"没玩没了"书店，展出了来自全国各地孩子们创作的 300 多本图书

5. 从发现被遮蔽的多元儿童到构建生态支持网络

从 2022 年第八届 iSTART（2022）开始，iSTART 进一步走近更多被遮蔽的儿童，并加强了与更多元儿童所处的生态连接的工作。以"T+ 乡村教师美育素养发展支持计划"[1] 和"家庭美术馆"项目[2] 为代表，iSTART 每年持续面向更多乡村美育实践者的赋能项目和在疫情期间更具社会参与性的家庭公共项目在 iSTART 中生长，其覆盖的空间从展厅拓展到家庭再拓展到社区的社群空间；家、校、社以及更隐秘角落的教育社群被连接起来，相互滋养；来自更多元背景的儿童通过不同的社群参与到 iSTART 中来。这

1　"T+ 计划"是 2022 年，A4 美术馆基于 iSTART 儿童艺术节与全国乡村儿童美育公益行动网络联合发起的，支持乡村教育工作者提升美育素养，将策展思维应用于教育的赋能计划。

2　"家庭美术馆"由艺术家邓大非发起，2022 邓大非开始与 iSTART 儿童艺术节共同孵化的家庭美育项目。至今共有全国超 40 家美育机构的 600 个家庭建立了属于自己的家庭美术馆。"家庭美术馆"项目从儿童美育的立场出发，把艺术教育的场域从学校、教师为主导的教学空间，延伸到父母与儿童的家庭空间。项目从 PBL 的课程设计、师训服务、儿童作品策划等维度入手，联合全国范围的自愿家庭、教育机构、书店、幼儿园、第三空间等，从日常的私人空间入手，发挥儿童、家长、老师、志愿者能动性，用艺术创作去链接家庭场景下的若干问题。让艺术教育成为一个"雕塑"家庭空间的工具和手段，让生活美学在家庭具体场景里发生，带动更多的儿童、家长、老师、志愿者因为艺术创新而重新理解自己原有的生活和空间，获得更大的自由和幸福。

进一步助力 iSTART 构建了一个良性的美育共生网络，为更多儿童及其社群提供了更广阔的社会化学习与成长土壤。

2023 年第九届 iSTART 儿童艺术节"家庭美术馆——社群空间"计划现场

2024 年 6 月 1 日，第十届 iSTART 儿童艺术节由超过 900 名艺术家、学者、共创者与 8500 名儿童一同共创。开幕现场更是有超过 12000 名参与者及家庭齐聚。值得一提的是，展厅中超过一半的空间所呈现的是来自远方的儿童的声音：诸如 iSTART 与 DBSA 造梦公益共同发起的非洲肯尼亚内罗毕贫民窟儿童与多国孩子一同共创的"我的一天"绘本漂流项目；由北京新艺动陪伴大病儿童呈现的"儿童病房艺术陪伴项目"；由黄晓红博士发起关注战区儿童生存处境呼吁和平的"融——和平天使全球计划"；深度关注儿童困境，探索艺术疗愈价值的"蜗牛与树洞"单元……同时，第十届 iSTART 还在国内的四川大凉山，国外的泰国、肯尼亚等开设了分展场。将 iSTART 涌现的儿童的声音作为"回声"返回到更远的地方……

十余年间，数以万计的儿童通过 iSTART 项目找到了表达自己和参与社会的方式。在这里，我们不仅仅看到他们作为孩童，更是作为完整的、多彩的人而存在。我们通过线上线下与他们聊天、畅想一个想法、共同完成一件事情、建立信任并成为伙伴。iSTART 希望为儿童提供充足的成长和探索空间，并构建一个小而美的儿童友好的共识社群。正是这个不断裂变与涌现的社群——孩子、艺术家、学者、教师、共创者、志愿

第十届 iSTART 儿童艺术节现场，iSTART 大家庭合影，2024

者团队的鲜活经历共同编织了这十余年的生长历程。

如今，iSTART 项目已经覆盖全球 7 个国家 25 个省份 34 座城市及乡村，惠及上千所学校、机构、社区，累计合作超过 24000 名小艺术家。与全球 1000 多名教育实践者、艺术家、专家学者及跨领域工作者合作共创，研发了数百个参与性艺术教育项目，实现了让不同文化背景与处境的公众从参观者到参与者再转变为创造者的蜕变。

回顾 iSTART 的成长，从汶川地震中为儿童展开的艺术课堂获得启蒙，到陆续为乡村、特殊儿童、城市儿童策划展览；从初期更多由艺术家主导展览到如今儿童成为创造的主体，逐步构建了从儿童视角出发，多元表达的美育生态；从想为儿童改变，到看见彼此，共同生长的历程，相信早已超越了一个美术馆公共项目的边界与意义。从美术馆的视角来看，它试图推动一场美术馆系统的关系变革，从社会公众的角度，iSTART 已经融合裂变为一个多元参与的创造土壤，滋养着来自家庭、学校、社区对于儿童发展，社会学习的有机生态。

正如尼采在《教育为何？》中说道：哪里的人们为一件事件做得越多，那里的人们对这件事情也就想得越多。[1] 未来的 iSTART 发展，还需要在不断涌现的儿童共创项目中，

1　弗里德里希·尼采，《教育何为？》，周国平译，北京十月文艺出版社，2019 年，第 64 页。

探寻其可迁移的智慧与方法，惠及更多人。目前 iSTART 已经将多元美育的实践延伸至生态教育、艺术疗愈、艺游学实践等融合多元路径的行动研究，并得到了国内外关心博物馆教育、创新教育、社会美育等领域的大学、研究组织、独立学者的广泛支持。希望更多像四川美院师生一样的同行者能够一起持续对发生在这片微小但是肥沃的土壤中的项目进行长期的参与、深入地观察与研究，并对其生成、生长与衍生的过程，背景与方法进行分析、总结，分享更多有价值的行动研究经验。我们更希望越来越多的同仁能通过 iSTART 真正看见具体的儿童的力量，激励更多伙伴参与美育创变，也让更多人理解儿童，建立起多元的"儿童观"与"美育观"，与儿童一起探索、共创更美好的世界。

"T+ 计划" [1]

——乡村美育之"虹"

文 / 杜永琪

2022 年，A4 美术馆与全国乡村儿童美育公益行动网络共同推出了"T+ 乡村教师美育素养发展支持计划"（以下简称"T+ 计划"）。该计划的核心目标是通过长期的策展思维引导，帮助乡村教师提升美育素养，促进教育者更加关注儿童的价值表达与反馈。计划通过策展思维的交流与学习，鼓励教师设计生动有趣的学习活动，并通过可视化的方式展示学习过程，从而将课堂转变为一个富有活力的学习空间，类似一个生动的艺术展览。在 2023 年"T+ 计划"研学中，A4 美术馆副馆长李杰在《唤醒 连接 共创——用策展思维打开共学、共创的新天地》报告中用简洁的语言阐述了策展思维："换个角度看世界、从一个好问题开始、收集更多的想法、万物皆可连接、对话比独白重要、让一切陌生起来、调动一切感知、表达不只是读写、用空间讲好一个故事、让声音传到更远的地方。" [2]

"T+ 计划"是专门面向教师的项目，其中"T"首先代表"Teacher"（教师），明确指出计划的主要服务对象。其次，"T"也象征着"T 型学科"，除艺术教师外，也鼓励其他学科的教师以本学科为主体，进行跨学科探索，推动教育融合。此外，"T+"中的加号具有赋能的含义，象征着对教育者的全方位支持，同时也形似医院的标识，意在提醒教师关注儿童的内在价值，创建促进儿童健康成长的和谐关系。而其中"Transfer"（迁移）则是知识的迁移，希望教师能够将所学知识应用到后续的教学活动中，"Temperature"（温度）则体现了关系的流动，在教育过程中教师能够感知与学生情感的变化。而"Threshold"（起点）则强调该计划标志着一个新的开始，不仅是 iSTART 计划的新起点，也是参与教师的新起步。这样一个具有深意的符号集中体现了 T+ 计划旨在通过持续的支持，激发教育者对儿童的热情。正如"T+ 计划"联合策展人龚瑜所说："希望能激活内生动力，营造丰富的生态场域，共创一个可持续生长可彼此赋能的社群。"

---

1 案例内容参照项目发起人龚瑜老师采访及 A4 美术馆内部文献资料整理而成。

2 冯军，T+ 计划研学第二天 | 唤醒·连接·共创，艺修坊工众号，2023 年 8 月 17 日。

"T":
老师、迁移、开端、温度、T 型学科
"+":
增加、赋能

"T+"含义阐释图，iSTART 儿童艺术节

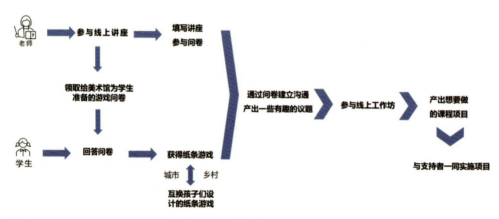

2022 年 "T+ 计划 " 活动项目孵化流程，iSTART 儿童艺术节

1. 跨域合作的美育同行者

　　"T+ 计划"诞生于 2021 年初，当时疫情的严峻形势依然对社会各领域带来挑战。在这一背景下，"全国乡村儿童美育公益行动网络"成功举办了首届全国乡村儿童艺术展。然而，活动结束后，组织方开始深入反思是否需要继续自行策划和举办类似展览，以及是否具备足够的策展能力和资源。同时，如何通过展览更好地推动乡村儿童美育的议题，成为了亟待解决的问题。经过讨论，大家达成了一致共识：与理念契合、具备策展经验的外部合作伙伴共同举办展览，可能是更为高效的路径。

　　在这种情况下，A4 美术馆成为了理想的合作伙伴。自 2008 年建馆以来，A4 美术馆便致力于儿童艺术和心理疏导，尤其是在汶川地震后，通过艺术疗愈帮助灾区儿童。

尽管 A4 美术馆曾因反思过于外来文化干预的方式而暂停过乡村儿童支持项目，但他们在重新审视后转向服务城市儿童，并通过策展形式探讨教育问题，推动了教育工作者和家庭的广泛参与。

在与"全国乡村儿童美育公益行动网络"初步沟通后，A4 美术馆副馆长兼策展人李杰提出支持乡村教育的工作不应局限于单次艺术节，而应成为一个长期的计划，推动乡村教育的持续改进。因此，2022 年 4 月，"T+ 乡村教师美育素养发展支持计划"正式启动，标志着这一合作从单次活动走向了长期的共同努力，旨在为乡村教育提供持续的支持和改进。

2. "T+ 计划"的城乡连接

2022 年初，"T+ 计划"初登场，连接起了乡村教育者与城市美术馆的交流、互动。"全国乡村儿童美育公益行动网络"通过对教育现场的记录、文献资料的整理完整地呈现出乡村教育工作者的教学过程，并且将孩子们用"乡村"元素创作的作品作为"T+ 计划"的核心作品进行展示。对于 iSTART 策展团队来说，要让来自"乡村"的美育实践，既展现乡村的"泥土气息"又要与展览主题相契合是具有难度的。他们深知要让乡村教育工作者真正理解美术馆中看似"前沿"的儿童艺术节，乃至对学习策展思维产生好奇，并非易事。因此，乡村儿童美育网络发挥了关键的角色，承担了对乡村教师的动员和解读的重要工作。

首先，他们向乡村教师解释了"T+ 计划"并不仅仅是艺术教师的专属计划，而是面向各学科老师的美育素养支持计划。这一点为各领域的教师敞开了参与的大门。结合第八届 iSTART 儿童艺术节的主题"不存在游戏博物馆"，他们明确鼓励各学科老师在游戏化教学方面进行探索，并展示与分享他们的经验。

在此时，北师大刘梦霏老师的团队正在计划进行城乡儿童游戏现状的调研。许多乡村教师通过填写调研问卷，逐步意识到艺术节活动不仅仅是艺术教师的责任。问卷中提到的"让孩子设计游戏"这一活动，让他们看到自己在教学中的新角色。为了进一步激发兴趣，iSTART 儿童艺术节团队举办了在线策展工作坊，提供了亲身参与的机会，帮助教师们感受到学习的乐趣。此后，通过个别支持和招募，越来越多的乡村教师加入其中。2022 年，共有 39 位教师与团队建立了联系，其中 23 位参与了策展工作坊。最终，5 个乡村儿童美育项目在 iSTART 儿童艺术节上展出，分别是"大南坡儿童美育计划""简单的游戏不简单""你好，五桠果！""心情小贴士""竹韵乡情"，涵盖了科学、自然、生命教育、乡土文化等多个领域。

《大南坡儿童美育计划》，T+ 乡村教师美育素养发展支持
计划，第八届 iSTART 儿童艺术节，成都，2022 年

"大南坡儿童美育计划"[1]是一个由多方支持的美育项目，旨在为大南坡小学的孩子们提供丰富多彩的艺术体验和教育机会。这个项目得到了北京师范大学未来设计种子基金、广州美术学院跨媒体艺术学院刘庆元工作室、修武县教育体育局、北京当代艺术基金会（BCAF）、左靖工作室、黄骥影像教育工作室等多方支持。在过去的两年里，大南坡小学通过举办各种美育活动，让孩子们在艺术的世界中得到启发和成长。在刘亚兰老师的引领下，孩子们在户外的阳光下画影子、在草地上搭建小木屋、在自然环境中写生植物，还有在校园里进行壁画创作等。这些活动让孩子们不仅学会了画画，而且也激发了他们对艺术的热爱。在 2021 年南坡秋兴活动中，大南坡小学还联合专家老师和五条人乐队等成功举办了美术展览"展厅的探索"和"你的歌我来画"。此外，在黄骥老师的指导下，孩子们还自主拍摄了八部短片，从乡村儿童的视角展示了"你为什么来大南坡""牛爷爷的民宿"等。

这个美育计划不仅仅是在传授绘画技能，更重要的是通过艺术的体验和创作，让孩子们感受到美的力量，激发他们的创造力和想象力，促进他们全面发展。通过展览，孩子们的作品能够被更多的人看到和欣赏，这不仅提高了他们的自信和成就感，还能够激发他们更多的创作热情。同时，这也为孩子们创作的作品提供了一个评价和反馈的机会，吸引了更多的公众关注，增强社区的艺术氛围，推动社会对艺术教育的认识和支持。而学校老师通过参与"T+计划"计划来交流、学习策展思维，使得他们能够发现生活中有价值的点，从而提炼出有趣的想法和概念，设计出创意的活动过程，提升孩子们的感知、

1　A4 美术馆第八届 iSTART 儿童艺术节内部资料，未公开，A4 文献中心提供。

体验和创造。教师们还能开放自己的视角，欣赏儿童的表达，并通过可视化手段进行呈现。更进一步，老师还可以通过展览的方式来营造学习环境。

"竹韵乡情"[1] 这个项目则为传递乡村文化贡献了力量，也为乡村学子提供了更广阔的艺术视野。在浙江省丽水市缙云县城北小学，指导教师章静莉、陶琳静、张馨云携手林田顺、林宇凡、樊皓轩等一众学子探索了传统手工艺的魅力，让孩子们感受到身边的事物，运用在地性的环境元素进行创意艺术表达。这所乡村学校坐座落于竹子丰富的地方，周边随处可见的竹林、百年历史的竹蒸笼制作技术以及拥有高超技艺的竹篾匠为学校提供了得天独厚的竹文化资源。他们将传统手工艺作为中华民族文化艺术的瑰宝予以传承。通过开设"竹课程"，学校以竹为载体，在传统手工艺的基础上融入现代思想，努力探索艺术创造与思想传授的结合点。学生们在这个过程中也得以发挥创意，实现对竹文化的深度理解和表达。

"竹韵乡情"包括两大系列作品，其中"爱的礼物"系列蕴含了特殊的意义。为照顾自己的奶奶制作便携的竹凳；为曾是炮兵的爷爷亲手制作大炮；为不常见面的妹妹特

竹韵乡情，T+ 乡村教师美育素养发展支持计划，第八届 iSTART 儿童艺术节，成都，2022 年

1　A4 美术馆第八届 iSTART 儿童艺术节内部资料，未公开，A4 文献中心提供。

制笔筒；为夜晚上厕所的弟弟设计手提灯；以及为校园流浪猫搭建起家……这些看似简单的作品背后却饱含了孩子真切的情意。这也正是章静莉校长与 A4 美术馆的策展人团队最先取得一致认同的美育价值。"这些乡村儿童创作的手工艺品，是有故事和有温度的作品。"A4 美术馆副馆长、iSTART 儿童艺术节主策展人李杰在为"竹韵乡情"作项目导览时，特别提到"这所学校里的老师，尝试让学生们用一种艺术创作的语言，以竹子作为载体去和亲人传递情感，这是非常重要的，我们可以说是一种心理上的启蒙。"而"旧水池改造模型"这个作品是基于城北小学去年对旧水池进行改造征集的方案而创作的。尽管章静莉校长认为，这个模型在情感教育和艺术表现上不如"竹礼物"那么出色，也不算是精品，但 A4 美术馆的策展团队通过多次沟通让她明白，这些作品展出不是为了呈现出"完美"的状态，珍贵的点在于这是教师和学生共创的产物，从学生们最初的简单设计草图，到用各种材料制作的模型，再到经过多次优化的最终呈现，都是我们应该关注的过程。正如龚瑜所做的解读，建筑模型不止是为呈现方案、施工所用，也可以做得这么有诗意，给人以想象。

"五桠果记录册"[1]借以五桠果的生命探索之旅开启教师与孩子们心与心的交流，引起学生与生命的对话，引发教师对生命教育的思考。感悟每个自然生命的背后，老师带着孩子们对校门口大树上生长的"无名"之果（五桠果）展开了一系列探索：观察、尝、种、画。在这个过程里，孩子们渐渐有了自己对生命的理解，开始去关注生命，表达生活和描绘人生，老师也产生了一系列关于美育的思考。乡村学校处在丰富又特殊的环境之中，当老师深入孩子的生活，洞察孩子的情绪，与孩子们一起玩、一起思考，创作往往会随真挚的情感流出，如生命般鲜活而感人，教师也在此过程中进一步明确创作不是任务，一定是情感的表达，是一种生命的气息。

"心情小贴士"[2]展现了孩子们通过给物品贴上"心情卡片"这样可爱的方式，展示出他们丰富多彩的情绪世界。"心情卡片"是交流的窗口媒介，通过这个小窗口，孩子们发现原来别人的感受和自己也是一样的，原来所有的情绪都是正常的，原来每个人并不是一个孤独的个体，从而体会到来自周围人群的认同感与表达内心的愉悦感。该课程的指导老师李玲莹最初会觉得是不是应该用美术教学成果来美术馆做展览，这其实也是过去一贯人们认为参加一个展览的时候应有的内容，但在展览中我们可以看到一个特别

1　A4 美术馆第八届 iSTART 儿童艺术节内部资料，未公开，A4 文献中心提供。
2　同上。

小的课程里面的一个小小的环节，这个小小的环节其实就是当时李老师在思考怎么能够让孩子感知到情绪，能够真的真情实感的去做出自己的表达，所以她就想出了心情小贴士的活动环节，让孩子们去为这些物代言，以第一人称的方式去表达生活当中各种各样的物在说什么。当孩子们有了这样一个万物有灵的状态的时候，内在的情感都被激活了。"T+计划"策展团队就发现了这是一个特别珍贵的，孩子的情感真实被打开的一个环节，于是就挖掘出了课堂中的这么一个小片段，并成为了展览当中很重要的一个主体。

"心情小贴士"也体现了策展思维的重要性以及对教师策展能力的提升。李玲莹老师最初的想法是将美术教学成果展示在美术馆，这是一个传统的展览方式，但在"T+计划"策展团队的指导下，她意识到通过展览可以更深入地挖掘课程中的精华内容。这是策展思维的体现，不仅仅满足于展示美术作品，更关注如何将教学内容与展览形式相结合，达到更有意义的展示效果。其次，围绕"心情小贴士"的展览，李玲莹老师和"T+计划"策展团队共同发掘和突出了课程中的一个小环节，这个环节是李玲莹老师为了让孩子们真实地感知和表达情感而设计的，是课程中的一个亮点，能够有效地激发孩子们的情感和创造力。通过展览，这个小环节得到了集中展示，使其成为展览的重要内容，这不仅增强了展览的深度和内涵，也提升了教师的策展能力，使其能够更好地将教学内容转化为展览的内容。

"T+计划"首次登场，就成功融入了 iSTART 儿童艺术节，并荣幸地被评为"最受教师们欢迎"的内容。这一初步的方向为"T+计划"未来的发展奠定了坚实基础，为乡村教育注入了新的活力。

3. "T+计划"的成长与接力

"T+计划"在 2022 年的展览中取得了初步成功，教师们对展览的认知也有了大幅度的拓展，特别是采用文献展这一方式，打破了老师们对于艺术展仅仅是艺术装置的观念。这让第二年的工作相对开展得较为顺利，但也产生了新的问题，即如何在乡村老师参与"T+计划"增多的情况下，保持质量。为了应对这一挑战，"T+计划"试图建构一个多层次的支持系统。他们思考如何让城市创新教育者成为支持的力量，以及如何让曾经参与过项目支持的老师在第二年能够传递经验、支持新人，并保持与"T+计划"的长期交流。[1]

于是乎，2023 年"T+计划"以更加深入的方式继续推动乡村教育者之间的多重支

1　A4 美术馆第八届 iSTART 儿童艺术节内部资料，未公开，A4 文献中心提供。

持关系的建立，分为两期线上活动和一系列线下工作坊。在第一期线上工作坊中，嘉宾包括李杰、龚瑜、普照、余佳丽、王乐、李莉、魏家、巧娟、牟牟、口袋军、李嘉禾、匡芳谊、孙会苗、赵锦雅、林艳、郝真贞、青梦、房静、三芋、梁芝。活动于 2023 年 5 月 28 日举办，主要包括开场白、嘉宾分享、介绍大舞台、头脑风暴和复盘总结。介绍大舞台环节中，参与者需要在 1 分钟内简要介绍自己、做过的事情以及关心和想要解决的问题。之后大家进行了分工：发言代表、游戏设计、玩家。在头脑风暴环节，参与者分组讨论教学场景、教学目标和教学呈现。其中包括在学校里的兔子乐园提升孩子语文素养。在户外空间中提升孩子的数学素养。在蘑菇房中提升孩子们的社交素养。本次活动为乡村老师提供平台，相互交流和分享自身教学心得和经验，相互学习和借鉴。[1]

第二期"T+计划"线上工作坊的主题是"一根线工作坊"[2]，于 2023 年 6 月 10 日开展，通过游戏化活动让教师们体验游戏在美育中的潜力，并结合策展思维进行问题发掘、头脑风暴、团队协作和信息整合。工作坊包括三个环节：教师课后实践分享、参与者的"一根线"自我介绍与互动交流，以及信息整合与总结。工作坊还强调了教师在课程设计中如何进行创造性转化，以及情绪管理在教学中的重要性。

为了进一步连接曾参与过项目的乡村教师，T+计划特别邀请了 2022 年活动中的崔作川老师和尹一青校长担任小组带领者，他们的参与不仅为新一年的支持计划注入了经验和榜样力量，也帮助其他教师更好地理解策展人的思维方式。同时，往年参展的教师也被邀请参与现场布展和活动组织，确保他们获得真实的策展体验。为了深化教师们的理解，2023 年 8 月，致朴公益基金会的资助下展出了七天六晚的"T+计划"线下研学营研学成果。[3]

2023 年 8 月 15 日 19：00，由龚瑜老师主持的"T+研学营"在 A4 儿童馆小剧场举行了开营仪式。"T+研学营"由一系列工作坊组成，涵盖了多个主题，包括策展思维、戏剧教育、绘本、游戏化设计、自然感知和定格动画。[4]

在策展思维工作坊中，教师通过参与策展过程，与学生和艺术家共同讨论，了解儿童需求，培养问题意识和共创精神。戏剧教育工作坊以身体感知为主题，通过戏剧游戏和讨论，探索角色表达和创作方式。绘本工作坊则聚焦于绘本创作的过程，包括文字剧

1　A4 美术馆 2023 年儿童馆年鉴文字资料，未公开，A4 文献中心提供。

2　同上。

3　同上。

4　同上。

"A4 儿童艺术馆小馆长"果果和"徒弟们"的合影，T+ 乡村教师美育素养发展支持计划活动现场，第九届 iSTART 儿童艺术节，A4 儿童馆小剧场，成都，2023 年

裴广蕊老师观察户外植物调研，T+ 乡村教师美育素养发展支持计划，第九届 iSTART 儿童艺术节，A4 儿童馆小剧场，成都，2023 年

本和文字分镜、角色设定、内页创作等。游戏化设计工作坊则通过游戏活动，让教师思考游戏设计的要素和规则，培养创造力和批判性思维。自然感知工作坊则在自然环境中进行，通过植物观察和感知活动，引导教师思考植物与生活的联系。最后，定格动画工作坊则以定格动画创作为主题，通过理论分享和实践操作，培养教师的创意和技能。

李嘉禾、郭华雨、冯军、裴广蕊、吴启月、龚瑜一起分享《小黑 T+ 寻 i 记》的故事，T+ 乡村教师美育素养发展支持计划，第九届 iSTART 儿童艺术节，A4 儿童馆小剧场，成都，2023 年

8月21日9：30，龚瑜主持"T+ 研学营"结营仪式，对课程进行了复盘和总结，主要问题涉及课程安排、策展思维和学员的自我理解。最后进行下一次活动的期待和证书颁发。[1] 这些工作坊旨在为乡村教师提供多样化的教育体验和实践机会，促进他们的专业发展和美育素养提升。

这次研学营为参展教师提供了更深层的实践体验，他们不仅亲自参与现场布展，还与团队共同完成展示的各个环节。在这个过程中教师能更加明确自己所创作的部分是如何融入了整体的展览，并更好地理解策展思维是如何在实际操作中呈现为一次展览。同时，为了使学习社群更加丰富，研学营不仅仅限于乡村教师的参与，还开放了名额给美

1　A4 美术馆 2023 年儿童馆年鉴文字资料，A4 文献中心提供。

iSTART"无限游戏家族",T+ 乡村教师美育素养发展计划现场,2023 年

门神,纸本,270mm×390mm ×15 幅,2021–2023 年

术馆工作人员、县级教研员、乡村校长、支教艺术家、美育公益项目官员等。他们一同度过了七天，通过开放五感，学习多元的创作方式，拜儿童为师获取游戏力，全流程地去感受和理解策展。[1]

这次研学营不仅是一次专业技能的提升，更是一次心灵的碰撞与成长。在参与展览布置和创作的过程中，教师们学会了如何运用策展思维实现教育与艺术的融合。研学营的开放性也让来自不同领域的伙伴共同参与其中，探索教育的更多可能性。这一切不仅为乡村教师带来了实实在在的支持，也让每一个参与者感受到教育的温暖与力量，为乡村教育的未来播下了更多希望的种子。

4. 用策展思维激活乡村美育内生力

"T+ 计划"致力于将不同类型的工作者、有创意的人、具有教育经验的人以及对乡村情况熟悉的人进行连接，实现跨领域的合作。其中每个参与者都被视为一个有着独特特点和价值的个体。无论是村民、儿童空间的发起人、学校的研究者还是希望赋能孩子的艺术家，都可以参与到对话和共创中。通过开展工作坊和研学营等形式，参与者有机会互相了解、交流经验，跨界合作。这种跨领域的合作不仅丰富了学习社群的多样性，也为每个参与者提供了拓展视野、学习新知识和技能的机会。

"T+ 计划 "以一种充满人情味的方式将乡村教育工作者、学生和美术馆紧密联系在一起。从最初的沟通开始，组织者们和潜在合作伙伴们就像是朋友一样坦诚相待，共同探讨着合作的可能性。他们不仅仅是为了达成合作，更是为了彼此的共同目标而真诚合作，像龚瑜老师在"T+ 计划"的宣讲会中有提到过其实很多乡村学校或机构一直在等待着一个机会向大家展示自己的教学成果，所以当"T+ 计划"策展团队联系到他们参与时，双方其实都有很高的期待和合作意愿。接着，通过共同策划的项目，如艺术展览和艺术节，他们将美术馆的丰富资源和乡村学校的渴望结合起来，开展了一系列丰富多彩的美育活动。在这个过程中，每一个参与者都像是一个家庭中的成员，相互支持，相互鼓励，共同创造出了作品。通过这种方式，"T+ 计划"成功地将不同领域的人才和资源融合在一起，织出了一条通往乡村美育的彩虹。

乡村教育工作者得以与美术馆、学生等多元参与者共同合作，还能够接触和学习策展的专业知识，从而提升自己的美育素养。令人惊喜的是，这次的研学营实验确实激发

---

1 龚瑜、普照，T+ 计划：用策展思维不断激活乡村教育内生力。浙江致朴公益基金会公众号，2024 年 3 月 27 日。

了更多教育工作者的自主行动，美育实践也相继在不同的地方勃发生长。"T+ 计划"最期待的正是被支持过的乡村教育工作者——不仅自己有信心开展美育工作，还能基于对儿童或教育问题的感知，主动发起一些有意义的活动，比如用游戏化或艺术化的方式，推动更多人参与对话、共创，这才是策展思维，以及用策展思维赋能给老师们的问题解决能力和自我更新力。[1] 即便是研学营结束后，乡村教育行动也仍未停止。

研学营的实验不仅让"T+ 计划"的组织者们信心大增，其带来的长期支持也使乡村教师们有信心在学校、乡村公共空间举办展览和艺术节，由内推动乡村美育的生长，而不是像以往以城市介入乡村的形式去想象乡村需要的是什么。参与过"T+ 研学营"的乡村教师刘晓江对本次活动有着众多感悟，她提到艺术家通过独特的方式引导儿童与世界沟通，用美的形式记录他们的实践和自我表达，这一过程本身就是对问题的探索，与策展思维有相似之处。同时，儿童在这个过程中充满好奇，敢于表达，从中获得知识和技能，增强自信和热情。而艺术家则展现了卓越的创意、沟通、持久和社会责任感，推动儿童的精神成长，并为他们带来惊喜。参与其中的每个人都能看见美，看见自己，看见未来。

"T+ 计划"像一座通往乡村美育未来的彩虹桥，赋予其更多的色彩和生命力。在策展思维的引领下，其激发了乡村教师和孩子们的创造与表达，这促使他们开始用更自由丰富的方式探索与表达自我。这道"虹"，既是乡村美育成长的象征，也是各方力量共同努力、深度合作的结果。从美术馆到乡村学校，从教师到学生，每一位参与者都在这条虹光中找到了属于自己的位置，见证了乡村美育的生长与改变。而这背后，是"T+ 计划"坚持推动的理念——通过跨界合作和策展思维，激活乡村美育的内生力，促使其不断自我生长。

---

1 龚瑜、普照，T+ 计划：用策展思维不断激活乡村教育内生力.浙江致朴公益基金会公众号，2024 年 3 月 27 日。

从"儿童参与"到"儿童赋权"

—— A4 美术馆 iSTART 儿童艺术节 "小编辑部" 项目的实践

文 / 李琦

A4 美术馆 iSTART 儿童艺术节创办于 2014 年，至今已成功举办了 9 届，第十届 iSTART 儿童艺术节也即将拉开帷幕，iSTART 儿童艺术节的持续发力与"儿童赋权"的多维度实践，得到业界的广泛关注与肯定，如今 iSTART 艺术节现已成为 A4 美术馆每年固定的一项活动。当提及 iSTART 儿童艺术节的创立的渊源，让人不禁回忆起 2008 年那场悲惨残酷的汶川大地震，震后 A4 美术馆团队在馆长孙莉的带领下赶赴灾区支援，在支援过程中美术馆团队注意并关注到震后内心敏感脆弱的儿童群体，并且在支援过程中开设了艺术疗愈的课堂，希望用艺术的方式来抚慰他们受伤的心灵，而此项活动并未随着灾后重建工作的完善而结束，之后几年 A4 美术馆策展人李杰大量参与了美术馆针对儿童群体的公益活动，随着长时间的与儿童群体的接触，李杰发现儿童的创造思维力与想象力最为茂盛，对于精力与创造力旺盛的儿童群体而言，通过艺术的方式进行美术教育最为有效，并且许多儿童对此也十分感兴趣，因此，A4 美术馆决定策划了一个针对更广泛的儿童艺术节项目，立足于儿童的视角为儿童赋能，于是首届 iSTART 儿童艺术节就在这样的契机下诞生了。

"小编辑部"在 iSTART 儿童艺术节生长了三年，美术馆用儿童自治的方式创造了一个安全自由的儿童创意表达平台，那 iSTART 儿童艺术节是怎样组织和吸引到儿童群体的呢？又是如何支持儿童在美术馆创作的情境中成长的？如何构建儿童连接世界的方式？如何真正做到"儿童赋权"的呢？下文就紧接着回答了这些疑问。

1. 以儿童为中心的友好空间

"编辑部"诞生于 2021 年第七届 iSTART 儿童艺术节并取名为"游戏学校编辑部"，第八届为"PLAY BOMM"游戏编辑部，第九届为"没完没了"编辑部，为什么要取名为编辑部呢？对于大多数人而言，编辑部是编辑发表的工作机构，那么 iSTART 儿童艺术节中的"编辑部"是如何建立的？又是如何进行工作的呢？

在此笔者以 2021 年第七届 iSTART 儿童艺术节中的"编辑部"为例进行分析，"游戏学校编辑部"项目通过三个月的全国征集，组建了由 6—18 岁的共创者构成的"没玩没了"编辑部。他们用 PlayING（ING：I Need Game）的方式共同完成了"没玩没了"的创刊挑战。平均年龄 7.5 岁的编辑们将自己的稀奇古怪的想法和对世界的独特看法用这样一份报纸展现在观众面前，试图用稚嫩的文字打破既有的成见，重拾玩耍的快乐。在这里观众将与小编辑们一起继续"没玩没了"的游戏接力，走进这绝对的小孩制造的空间[1]iSTART 儿童艺术节中的编辑部的参与路径即以角色扮演的方式来体验编辑部工作。该项目大致可分为三项内容：一是确定创刊号；二是实体展厅的建设；三是后续线上栏目。[2]

在整个项目中，以游戏化的形式提供多个编辑部角色，项目组首先会发布"编辑部"的行动指南，参与者自由地组成编辑部成员，每名成员担任不同的角色或多种角色参与体验编辑部工作，在体验过程中深度理解不同职能角色，例如脑洞主编、"战地"记者、叽喳评论员、神秘编辑、妙笔画手和广告达人等角色，当组队成功之后，就开始升级打怪，一起完成各项任务与游戏，项目组会给出一些任务，例如以小组为单位依靠自己的想象力来创造编辑部展厅中的"中央大脑"，"中央大脑"在整个活动中具备很多功能以及玩法，整个编辑部项目中的许多活动都会以它为中心，参与者可以用文字或者绘画的形式来表达自己的思考与想法，提供创意以及更多的玩法，但由于参与者年龄层以及对问题的理解认知能力是不同的，部分孩子可能还缺少一些想象力，这时便会得到美术馆工作人员爆米花叔叔（iSTART 儿童艺术节策划人李杰）的协助，他会提供一些引导性的提问清单，来帮助小朋友们的想法"长大"，例如："中央大脑"酷在哪里？谁可以来玩？需要什么样的道具，需要 NPC 帮忙吗？ NPC 可以干什么呢？这些提问不会直接告诉孩子们答案，而是间接性地引导了儿童独立思考，充分地尊重了儿童的想法，在"中央大脑"建设完成后，小组成员就可以列出自己想要在"中央大脑"里完成的事项和继续完成相关活动了。[3]

2022 年小编辑线下栏目路演，"没玩没了"编辑部

1　A4 美术馆 2023 "没玩没了"编辑部活动介绍，A4 文献中心提供。

2　内部资料，为 iSTART "编辑部"项目过程方案，未公开，A4 文献中心提供。

3　同上。

"编辑部"项目活动中所有活动都是环环相扣并具有逻辑性的。在完成一项活动后，紧接着就是紧扣上一环节活动继续新的任务，例如在小编辑们以组为单位思考完"中央大脑"的想法后，在规定的时间就要参加编辑部的线下汇报活动，每组派代表汇报组员的想法，在汇报活动后美术馆编辑部项目组会综合大家的想法创意发布新的任务，新的任务都以主题与编辑部的建设为中心。例如在 2022 第八届"PLAY BOMM"游戏编辑部活动中，小朋友们反映最多的问题就是时间不够用的问题，每天都在被爸爸妈妈催"时间来不及了""要迟到了""现在没时间了"，根据小朋友们的汇报的内容就会产生新的任务或玩法，例如当时间不够用了，小编辑们能不能尝试创造一个自己心目中的时间王国？或者大家心目中不存在时间的钟表是什么样的呢？在没有时间游戏的王国里，大家可以在编辑部做一些什么呢？在一次次完成任务以及汇报中，笔者都能感受到参与者积极主动地融入身边环境，介入到编辑部具体事项，给予儿童意见发表权和决策权，在实施动态中都是紧紧围绕着编辑部的建设，为编辑部的发展贡献出自己的一份力量，同时这也有助于儿童自我价值观和归属感的提升。

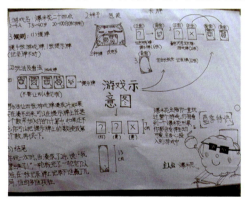

2022 年小编辑们手绘设计的爆米花迷宫游戏

当展厅建设的想法落实之后，小编辑们就要开启编辑部报纸任务的发布了，投稿的内容除了之前在游戏任务中相关内容，还包括大家多次交流和想法的相关内容，例如"厕所游戏大通关""奇葩设计博物馆"等具有儿童群体创意性的题材，要以小栏目的形式提交，包括栏目题材、栏目内容等，当美术馆负责板块的项目组收到参与者们的投稿之后，就大致可以确定期刊的样稿。有些事情只有小孩子想得到，而有些事只能大朋友办得到，展厅中小孩子的创意成形自然是离不开大朋友的支持的，如专业化的设计以及难度系数较高的手绘手稿就交给大朋友来完成了。

值得一提的是在"编辑部"项目发布的所有任务中，都有针对任务所设置的答题卡，答题卡可以方便或者引导参与者回答问题，同时随着答题卡一次次地收录，也可以看到参与者思考性的文字与绘画，这不仅是一种成长记录的方式，也是编辑部逻辑性培养的方法，在小朋友填答题卡的时间段里，项目组也会通过线上或线上的方式来与参与者们进行交流沟通。

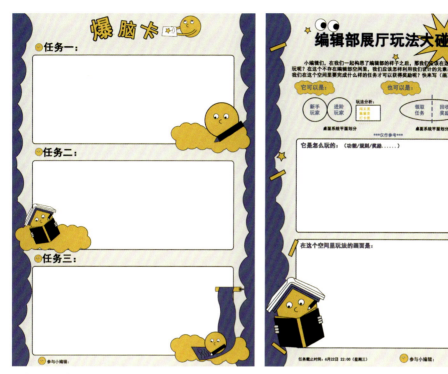

编辑部活动中的任务单与答题卡（图源：A4 美术馆）

　　回溯整个"编辑部"工作的运行以及成长模式，我们可以真切地感受到"编辑部"在活动项目中赋权到儿童，以"编辑部"建设为契机，基于赋权视角，协助儿童参与"编辑部"的建设，给予儿童意见发表权和决策权，并促进儿童参与刊物创办与空间建设全过程，而儿童在参与、行动的过程中形成一种责任感，建立起了归属感，增强了主人翁意识。

2. 平等性的儿童社交关系

　　每届 iSTART 儿童艺术节的举办都会先通过美术馆自媒体或合作媒体发布相关信息，例如角色的任务与名额等，感兴趣的儿童可报名参加，然后所有参加者在整个项目中建立平等合作关系，参与者因年龄发展阶段的不一，对空间规划以及相对专业性的编辑工作掌握能力有所差别。在整个项目动态过程中，美术馆工作者会在需要时起到引导或协助的作用，在 iSTART 儿童艺术节中各种参与计划和项目制定过程中，儿童与成年人保持平等的合作关系。项目组的工作人员会以观察者的身份，留意性格差异儿童间语言的表达和情绪的转变，鼓励成员发言勇于表达。

iSTART 儿童艺术节中的"编辑部"涵盖了多元化的角色，并且以角色扮演来体验编辑部工作的参与路径，有脑洞主编、"战地"记者、叽喳评论员、神秘编辑、妙笔画手和广告达人。如上所述，不同角色在活动参与中会通过线上或线下展开激烈的思想碰撞，在 iSTART 儿童艺术节编辑部发布的角色任务清单中，主编是一项统筹性的工作，其任务是负责杂志刊物的策划，项目创意，并守时守点的催更大管家；记者的任务是游走在游戏项目最前沿，深入 iSTART 各个单元，采访、思考、写作，其文字记录将会与展览一起诞生；评论员的任务是关注热点、关注当下，用文字与图片记录；编辑的任务是负责独家专栏的文字编辑，从不同角度挖掘聚光灯背后的故事；画手的任务是用视觉征服合作伙伴，是图像故事讲述者。在这里我们就会发现，在角色与任务的能力要求中，除了本身的职能工作，其实从侧面也需要了参与者对自己角色的观察模仿，从而培养了参与者的责任感与沟通交流能力，并且在整个团队的合作中，也培养了团队协作能力以及高效的执行能力，最后不同小组共同协作，共同完成线上线下的观察、记录、产出任务，在团队的合作下，一起升级打怪完成主线与公共任务，开动脑筋，策划出独一无二的栏目。

而在活动开始时，儿童往往是以个体的形式存在，缺乏群体或团队意识，儿童通常处于弱势参与群体，其参与意愿与参与动力会大大降低，而"编辑部"在活动开始时以组或团体的形式成立会增强儿童的集体意识，以所有人共同的"编辑部"建设为契机，美术馆工作人员协助儿童参与同时促进儿童的人际互动，通过报刊的策划，展厅的空间装饰，形成"编辑部"团队，成人在整个项目过程中充当协助者和协调者的角色，提供给儿童空间装饰的新思路，如组织策划"桌游游戏""中央大脑"等主题活动，增强儿童人际互动的机制，以此来推动儿童团队参与的能力建设与解决问题的能力，共同推动"编辑部"的建设。以"编辑部"为契机，自发形成团队，促使儿童信息得以相互传递和共享，以同辈群体互助的形式，通过集体表达儿童自身的需求，这类方式增强了儿童的在人际交往与沟通能力，在一次次的小组集体讨论与汇报中，培养了个人思考能力的同时也增强了团队合作意识，以下是活动进行中小编辑们对编辑部中分工问题的发言。[1]

---

1 A4 美术馆 iSTART 儿童艺术节"编辑部"内部资料，A4 文献中心提供。

"1001游戏学校"编辑部

编辑部号召令！
来认领你的角色

Chief Editor
脑洞主编

任务： 负责杂志刊物的策划，项目创意，是献计献策的创意破坏者，守时守点的催更大管家。

编制： 3名

Journalists
"战地"记者

任务： 游走在游戏项目最前沿，深入iSTART各个单元，采访、思考、写作。你的文字、记录将会与我们的展览一起诞生！

编制： n名，编辑部人数第一大天团

叽喳评论员
commentors

任务： 关注热点、关注当下、观察你我他身边的故事。"花边""热点"逃不开你的眼睛，用自己的文字与图片记录下"决定性瞬间"。

编制： n名

"1001游戏学校"编辑部

编辑部号召令！
来认领你的角色

ART Editor
妙笔画手

任务： 用视觉征服读者的手绘达人、图像故事讲述者、视觉把控者，是有审美、有创意、能画画的神笔马良！

编制： n名，编辑部人数第二大天团

AD EXCUTIVE
广告达人

任务： 负责"招商引资""广告投放"，成为最具创意的广告人，期待你们把外星人的广告，打到我们的游戏编辑部刊物里来！

编制： n名，少而精的精明广告人

神秘编辑
discovery channel

任务： 特别栏目的开拓者，拥有旺盛的好奇心，负责独家专栏的文字编辑，拥有不同角度与视野，能发掘聚光灯背后那些不为人知的故事……

编制： n名

第七届 iSTART 儿童艺术节编辑部介绍（图源：A4 美术馆）

初初：合作的时候，不能有一个人不做工作。如果大家不团结了，这个队伍就散乱了，你最终要达成的目标就达不成了，也会导致大家有不开心的情绪，因为游戏要开开心心地玩，不能导致不开心的情绪。

元元：不是只有很有创意和想象力的小朋友才可以加入，那些想象能力不好的，但是上台说得很好的也可以。同时，绘画的时候你当别人告诉你那张图纸怎么布置，你能把它画出来就行。

哲哲：一个人的想法是很小的，团结起来就会变得很大。二人同心，其利断金，就是把所有的想把所有给统计起来，三个臭皮匠顶个诸葛亮，可以把点合起来，因为有了一个超大的想法，比我们自己做得可能快多了[1]。

iSTART 儿童艺术节编辑部工作组与参与儿童共同制定参与制度和行为规范，有助于儿童人际互动的发展。在一系列活动中，创造儿童人际互动的安全空间，儿童与成员间相互学习、交流，建立良好的信任关系，有利于满足儿童的人际需求，儿童在人际层面实现赋权。

小编辑们线下活动的座位示意图
（图源：A4 美术馆）

通过线下活动的座位示意图也可以发现，座位分为了"亲属加油团"与"编辑们的等候区"两部分，美术馆有意地让儿童在参加活动中离开亲属减少依赖。儿童与成人之间划定了分区，使参与者们单独地以团体的形式坐在一起，扩展儿童的人际交往的同时也培养了独立自主的能力，我们可以看到 A4 美术馆在这项针对儿童而设置的儿童艺术节，不论是大方向还是小细节，处处都真实地体现了以儿童为中心，赋权儿童的中心主旨。

3. 多元的合作与专业团队的支持

"编辑部"的创办与运行绝对不只是非常单一的项目任务，正如 A4 美术馆馆长孙莉所说："这个项目是 A4 首次集全馆之力，完成策划与项目推动。iSTART 项目模糊了传统意义上的当代艺术策展与公共教育项目策划的边界，它是一个以当代艺术展览、当代艺术教育为核心，以参与性策划为工作方式，通过丰富的自主研发及联合发起项目、教育项目连接美术馆、学校、社区、家庭等多个社会维度的公共艺术项目。在该项目中，A4 展览学术部负责策划主题展览和整体的 iSTART 结构框架；公共教育部门则通过更多的社会联动和调研，激活创新教育与社会教育领域的广泛项目合作。"由此看出这是一项非常系统性的工作。

---

1 李杰，《美术馆因儿童改变：作为"沉默他者"的儿童如何参与美术馆公共关系的重塑》，《当代美术家》，2022年第 4 期，第 12-19 页。

美术馆首先通过三个月的全国征集玩家，由美术馆工作人员作为游戏脚本编辑者的角色，在一系列的头脑风暴中，为编辑部项目搭建有趣的设定，完成框架的建设（主要设定玩法、游戏的奖励与惩罚机制），其次整个编辑部项目的完成还需要编辑专业人员的指导，例如在活动中与媒体机构"栩栩多多"合作，该媒体机构中专业的主编、编辑、设计师、插画师都参与"游戏编辑部"的项目中，以专业的角度向参与活动的孩子们揭秘了什么是编辑部，一本儿童刊物是如何诞生的，在学习中孩子们也清楚了"编辑"的工作以及一些专业性的知识，例如刊物的构成包括了刊物名称、创刊理念、广告语以及刊物的特色关键词等内容，在了解了一本刊物如何诞生之后，孩子们就进入了自己的创意天地，提出自己团队对于刊物创办的想法。[1]

版权为栩栩多多

栩栩多多"编辑部大揭密"
线上公开课截图，2021 年
（图源：A4 美术馆）

---

1 内部资料，为 iSTART "编辑部"项目过程方案，未公开，A4 文献中心提供。

笔者以成都市实验小学一组小编辑提报的作品为例，该组的刊物名称为《尖叫星期十》，创刊理念为：魔鬼般的惊喜，广告语：向小孩借一个脑洞，世界本就不同，刊物的特色关键词：稀奇古怪、颠覆传统、改造未来。该刊物呈现了 5 个栏目，除了考虑栏目名称以及栏目理念、规划介绍，小编辑们还将考虑刊物的呈现方式，例如刊物的周期、推广渠道、刊物活动等。由此可以看出小编们在专业编辑团队的引导下，已初具对编辑这项工作的认知以及工作内容，iSTART 儿童艺术节工作人员也会介入儿童参与的动态过程中，引导儿童积极表达自己的看法，虽有些儿童的想法过于夸大，但在不断与其他儿童思维碰撞下，逐步将自己的想法走向可行性的设计方案。

成都市实验小学老师和家长们在展厅帮助小编辑们一起布展（图源：A4 美术馆）

除了专业媒体的介入，还有成都市实验小学老师们的帮助，他们在"编辑部"项目的角色被定义为"哆啦 A 梦"，因为他们的百宝箱总能满足小编辑们的需求，并拓展了小编辑们的想法，他们将小编辑们有趣的想法落地，由于小编辑们的平均年龄在 7.5 岁，尽管他们的想象创造力满满，但是部分具有高难度创意的项目还是需要依靠这些"哆啦 A 梦"，到了展厅布置时这些"哆啦 A 梦"会进入展厅，将小编辑们的创意想法中有实操性的想法画出来，帮忙一起布置展厅。

iSTART 儿童艺术项目展厅手稿图以及上墙效果（图源：A4 美术馆）

展厅的美学工作除了小编辑们的商讨与想象，自然也是离不开专业设计师和插画师的帮助，设计师与插画师被这群小编辑们亲切地称为"八爪 NPC"因为他们会收集各种风格的文字和图像素材与编辑们商讨，在刊物和报纸上，想尽办法使编辑们的想法展示出来。例如上文提到 2022 年的"PLAY BOOM"游戏编辑部的项目中，根据小编辑们的创意，展厅内的"中央大脑"是一个钟表的设计，这部分的设计项目与四川美术学院设计专业的同学对接，在他们的帮助下，这项方案得以落地。

策展人手绘的"中央大脑"展厅设计图与展厅实际现场图（图源：A4 美术馆）

游戏编辑部项目截至目前已经参与了 3 届 iSTART 儿童艺术节，无论在工作形式还是展厅的呈现上我们都可以看到"编辑部"的成长与进步，同时也有更多的儿童与家长了解并参与了 iSTART 儿童艺术节，儿童们通过团队协作与自己的独立创意创办了独具风格的期刊。整个编辑部活动从策划到落幕大致需要 5 个月的时间，包括了从编辑部行动指南、编辑部汇报活动、发布任务、线上线下见面、发布玩法任务单等流程，美术馆投入的人力与物力成本也非常大，在每届儿童艺术节制定了策划方案之后，美术馆的工作人员就会按照对应的计划展开工作，通过多年的实践与坚持，iSTART 儿童艺术节在业界以及儿童教育界得到了广泛的肯定，A4 美术馆 iSTART 儿童艺术节编辑部项目组也总结了他们的工作方法以及工作原则[1]：

　　1."没大没小"的合作：在编辑部，大朋友和小朋友不以年龄，而以个性、能力来分工。正如小编辑所说，"有些事情只有小孩子想得到，而有些事只能大朋友办得到"，小编辑和成人编辑助理共同协作！

　　2.探索"编辑"的极限：从学习扮演成人编辑的角色，到思索专属小编辑的主题，再到构建自己的组织章程，我们在一步步尝试建立一个更加儿童的、开放的、好玩的现实世界尚未存在的"编辑部"。而其中的每一位小编辑和助理，都在探索"编辑"工作及其意义的边界，以及儿童与成人交互关系的更多可能性。

　　3.强调真实的互动：体验现实编辑工作、采访周围的人、收集外界的需求与反馈，编辑部不希望闭门造车，感受真实世界，倾听并反映儿童和大人们真实的声音。

　　美术馆搭建儿童艺术节中"编辑部"的平台，由负责该项目的工作人员及参与者共同制定参与制度和行为规范，这有助于儿童人际互动的发展。在报刊策划、线下小组汇报、展厅策划等一系列活动中，创造成人与儿童互动的友好氛围，儿童与成员间相互学习、交流，建立良好的信任关系，利于满足儿童的交往需求。

　　iSTART 儿童艺术节从萌芽、初创与深化，再到今天的系统化，在不断更新迭代中改变艺术教育观念和城市文化，而"编辑部"从儿童本体、儿童社交、多元化专业团队支持三个层面介入到活动中，在儿童本体上，倡导儿童主体地位并给予创造空间，提升儿童参与能力；在儿童社交层面，协助形成互助团队，提高儿童的组织化程度；在多元化团队支持层面，美术馆积极调动社会资源，邀请专业团队参与，为儿童视角下的空间建设提供重要保障，促进儿童积极参与自身密切相关决策之中。iSTART 儿童艺术节的实践，不仅是为了提供儿童参与的平台，更是为了从儿童自身出发，尊重儿童的权利，发掘儿童真正的利益诉求，构建一个以儿童为中心的友好空间，进而满足儿童成长发展的需要，以 "编辑部"建设为契机，搭建儿童参与平台，提供儿童自由意见发表和决策的空间。在赋权儿童的宗旨下，从儿童视角出发，立足于儿童需要，开展一系列活动，确保儿童在活动中参与的权利，倡导儿童在"编辑部"活动中的主体地位，对赋权儿童的更深入的实践与理解也具有一定积极作用。

1　A4 美术馆 iSTART 儿童艺术节 "编辑部" 内部资料，A4 文献中心提供。

联合国《儿童权利公约》将儿童的权利划分为四个方面，即生存权和发展权、被保护权和参与权，其中参与权赋予儿童自由发表言论和参与决策的权利，这些权利对于儿童成长和发展起到了至关重要的作用，当然，美术馆作为机构在赋权过程中还需充分考量不同儿童发展阶段的差异性，如何科学有效地进行分组，促使儿童都能参与决策，这对 iSTART 儿童艺术节项目组具有一定的考验。负责项目组以及合作的媒体团队、设计团队要充分发挥自身的专业优势，因地制宜，深入活动了解儿童的需求，开展个性化、专业化、规范化的项目与儿童参与机制，通过丰富的活动形式和多元化的服务内容吸引更多的儿童参与活动当中。在构建参与的长效机制中，"编辑部"项目组可以在调研工作的基础上，多与儿童和家长进行有效交流，并增设"家长进课堂""亲子互动游戏"等活动形式，在与家长的互动中能更好地给儿童营造平等与赋权的环境。此外，还可以对该项目中儿童参与度较高的环节，如"报刊主题头脑风暴"等实践内容进行再设计，使其参与方式更加多元化，充分调动多人群持续性地参与儿童友好平等环境的建设，共同推进 iSTART 儿童艺术节向更好、更平等自由的方向迈进，进一步实现"赋权儿童"。

当食物成为测试工具 [1]

——一场认识亲密关系的公共游戏

文 / 王雨桐

  "Spring Roll"（丝蒲苓蒻）项目是基于 A4 美术馆"do it in Chengdu"艺术项目下的公共艺术。而"do it in Chengdu"则是著名策展人奥布里斯特于 1993 年发起的一个全球性艺术项目"do it"的分支和延展，于 2020 年首次在中国的公共美术馆——A4 美术馆（成都）实践落地。"do it"是一种艺术展览形式，旨在邀请公众依据艺术家、音乐家和设计师等制定的 DIY 指令创造一件艺术品，这些指令可以在没有准备或特殊技能的情况下快速完成。公众将通过沟通、协商与团队配合的形式与艺术家共同完成"do it"指令，诠释出新的艺术作品并展示出来。

  "Spring Roll"（丝蒲苓蒻）就是来自成都本地的艺术团队——"公司"艺术小组 [2]（黄佼、向征、马锟），他们依据艺术家佩德罗·雷耶斯（Pedro Reyes）的指令"伴侣相容性测试"和本地特色设计了互动性的艺术装置，招募具备亲密关系的公众参与测试，共同完成艺术作品。

"Spring Roll"的发起艺术团队员"公司"艺术小组（图源：A4 美术馆文献中心）

---

1 案例信息源于 2024 年 2 月 1 日对"公司"艺术小组成员黄佼、向征两位艺术家的采访内容整理。

2 "公司"艺术小组：由向征、黄佼、马锟于 2015 年发起成立。"公司"是一个开放的艺术小组，希望通过与各行业人士的参与互动进行共同创作。"公司"模拟了现实社会的经济单位——公司的结构，为参与其艺术项目的公众提供某种产品或服务，把整个服务行为作为艺术项目的成果。

关于指令的产生，需要回到墨西哥艺术家雷耶斯的创作理念中，他擅长对现存的社会现象与问题进行反思，并试图提出解决的办法，无论是把枪改造成乐器，还是组建"人民联合国"扫除大众忧虑，抑或是在餐车上提供有利生态的蚂蚱汉堡，都展现着雷耶斯对现实问题的关注和尝试解决的办法。"伴侣相容性测试"指令则是雷耶斯对当下亲密关系中情感、心理状态和权利需求的重视，在原指令中，艺术家要求参与者分别选择能够代表自己和伴侣的蔬菜／水果等食材，再用搅拌机把两份食材制作成一份饮品，根据它的味道判断自己与伴侣的相容性。

作为项目的共创艺术团体，"公司"艺术小组延续了对"亲密关系"（家庭关系、社会关系等）的思考，将食材进行了本土化的调整，选择四川特色小吃春卷作为测试的工具，让参与者利用海带丝、莴笋丝、小河虾、干香菜作为基本食材，选择添加口感特别的酱料（芥末、辣椒、冰糖、番茄酱、白醋等）为对方制作春卷，从而观察他们的反应和感受，从味觉中揭示在日常生活中被忽略或掩盖的味觉感知。通过为对方制作食物，人与人之间的关系从语言或者视觉迁移到味觉，相互间味觉习性的理解程度，隐含着更为深刻的情感互动。

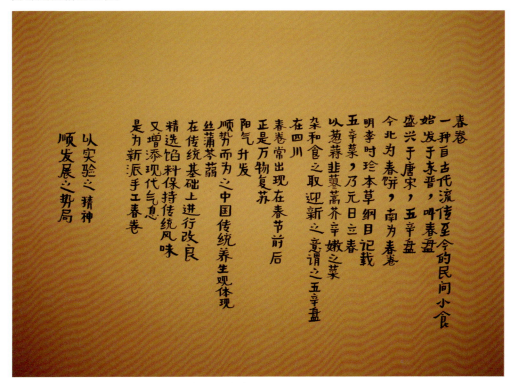

《Spring Roll》项目现场 1（图源：A4 美术馆文献中心）

　　"公司"艺术小组希望通过这种互动的实物项目，引发参与者对关系的思考，让人能够面对和谐统一的关系，也能够直面因忽略、遮蔽而出现的"相异性"。只有正视问题的存在，才是为关系寻得新出口的路径，也是反观自身和认识真实自我的突破口。客观地面对"相容"与"相异"才能促进和维系一段健康的亲密关系，让双方在关系中看见真实的彼此。

"Spring Roll"项目现场 2（图源：A4 美术馆文献中心）

1. 食物成为最佳的选择

　　那么食物如何成为了"公司"艺术小组的选择呢？实际上他们一直是以食物这种方式来作为创作的出发点，这种风格也有赖于成员向征对食物、烹饪具有极大的兴趣。比如他们 2015 年 12 月至 2017 年 3 月，在成都簧门街社区设计的一个项目《奶奶厨房》，也是以美食为媒介，为老人群体之间、青年人与老人之间搭建了一个齐聚一堂彼此分享的平台，以食物为链接构建邻里关系，在餐桌上交流社会现状和问题，以"饭"为主体打破沟通和交流的阻碍。他们用食物串联起了社区里面人和人之间的关系，因此回到公共性的环境中，食物这种容易操作、十分日常的媒介能够迅速地拉近艺术家与观众的距离，更好地促进观众的参与和项目的开展。

"Spring Roll" 项目现场 3（图源：A4 美术馆文献中心）

"Spring Roll" 项目现场 4（图源：A4 美术馆文献中心）

在佩德罗的指令中指定的是蔬菜／水果，而在"Spring Roll"（丝蒲苓蒻）中测试的工具变成了四川特色的小吃春卷，或者成为"芥菜春卷"，具有很强的本土性，它和普通的油炸春卷有所不同，是用"云板"锅摊成春卷皮（小小的圆形薄皮，类似吃烤鸭的面饼），然后选择品种丰富的小菜，有白萝卜丝、胡萝卜丝、莴笋丝、海带丝，豆芽等包在其中，再按照自己的喜好加入调料、醋、冲料（类似于芥末）酱油或辣椒粉等，最后裹起来形成了别具风味的四川春卷，这种制作方法让顾客可以自由地组合，搭配出来的口味也各不相同，就像形形色色的人一般。但春卷这种小吃在成都已经比较少见了，县城会更多一些，是很多四川人小时候常常去吃的，"公司"艺术小组的成员们也是如此，小小的春卷承载着四川人童年的记忆。正是基于这种本地人的饮食特色、日常生活以及春卷的制作工序，最终选择以四川春卷来对参与者进行测试。

2. 亲密关系的测试与答案

参与者需要在新的指令下完成春卷的制作，他们将会选择自己认为适合对方口味的小菜和调料。在这个过程中就需要参与者对对方足够了解、注重日常的细节，才能调配出满意的春卷。比如一个家庭里，经常做饭的成员往往会更加了解其他人的口味，对食物的偏好，但如果不经常做饭，或者不太关注这方面，那对于家庭成员的饮食喜恶就会不清楚。[1] 在参与者双方都品尝对方做的春卷后，还会进行一个评分，来观察双方相互之间是否匹配，和自己了解得是否有差异。由此通过春卷的搭配，隐性的、细微的亲密关系被显现了出来，成为看得见、吃得到的真实物体，不易言明或不易发现的关系程度得到了具象的表达。

"Spring Roll"项目在开展的过程中，大概是因为类似 DIY 做饭的游戏性质，参与者都体验得十分开心，报以休闲娱乐的心情参与其中，不过这之中也有参与者因口味相异而产生的比较印象深刻的场景。"公司"艺术小组成员黄佼为我们分享了一个小故事，参与者中有一对小姐弟，姐弟交换品尝春卷后，弟弟调配的春卷可能不完全契合姐姐的口味，但姐姐表现得很包容，很期待地问弟弟觉得她搭配得是否合适，弟弟就很不能接受，表示很辣，还做了个表示自己不喜欢的怪相，弄得姐姐显得有些尴尬，可能因为弟弟年纪小，不太会去掩饰自己的情感，但姐姐就很包容，尽管没有特别适口，但还是接受了这个口味的春卷。这种姐姐对弟弟的包容，也体现在类似的参与者中，还有比如妈

1　黄佼、向征、王雨桐，"公司"艺术小组访谈记录，2024 年 2 月 1 日。

"公司"艺术小组引导观众
参与1（图源：A4 美术馆文
献中心）

"公司"艺术小组引导观众
参与2（图源：A4 美术馆文
献中心）

"Spring Roll"项目参与者
试吃春卷（图源：A4 美术馆
文献中心）

妈对孩子的包容。透过每个人情感的流露，我们能看见不同的关系的呈现，在黄佼看来，春卷成为了衡量两者之间亲密程度、关系倾向的尺子。[1]

3. 食物引发对日常生活的思考

食物作为日常生活的必需品，我们从食物出发又回到对生活的思考和观照，是一种新的诠释和解读。当成员黄佼被问到如何看待食物成为一种艺术通道的有效性时，她认为味觉与视觉呈现的效果是可以相提并论的，是基于各种不同层次的感官上的感受，那么味觉最重要的感知就是能让人形成非常强的一个记忆，这和视觉带来的记忆又是不一样的，它会勾勒出或者引发出相关联的记忆，或者说引起记忆中的某个时间段、某个层次的记忆模块，这种味觉的特性也是特别有趣的。所以说，味觉的体验与记忆的调动，牵连着关于生活的地方、生活的文化习俗，以及生活的细枝末节，与家人朋友相处的点点滴滴，促使人重新去关注与他人的交往、关系的维护或修正。

或许有人会质疑简单朴实的食物，又如何引发我们对生活的思考呢？实际上，在艺术创作中谈论的不是食物本身，而是它成为一种媒介、介质后起到的通道作用。艺术家

"Spring Roll" 项目现场 5（图源：A4 美术馆文献中心）

1　黄佼、向征、王雨桐，"公司"艺术小组访谈记录，2024 年 2 月 1 日。

们期待通过食物的制作、品尝等步骤，从而达到探讨某一个社会问题、某种文化现象的目的。因为食物自身所具备的文化属性、社会属性、历史属性、公共属性等，赋予了它与人之间强烈的黏合，与情感、记忆的深刻的挂钩，这种不可或缺性促使食物成为创作工具的不错之选。因此"Spring Roll"（丝蒲苓蒻）项目利用食物邀请参与者们，除了完成游戏的指令，意在关注人与人之间的亲密关系，从细微之处窥见两者关系中的问题，促进关系得到更好的发展。

儿童的自我表述与被表述

——iSTART 儿童艺术节 "小策展人" 中童年叙事伦理的重建

文 / 刘昭邑

儿童的世界究竟是怎样的？现有关于"童年"的叙事又呈现出怎样的面貌？随着对儿童研究的深入，我们发现所谓"儿童""童年"通常是在成年人视角中被建构的概念，而其中儿童却常常处于失语状态。近年来，"儿童策展"作为一种被赋予一定理想价值的治理方法，出现在各大博物馆、美术馆的活动中，使大众看到了艺术帮助儿童进行自我表达的可能性。但在这一过程中，突出儿童主体性地位的口号持续不断，另一方面主办方却对儿童的想法关注不足或是流于形式，因此"儿童是否具备足够的表述能力，以及主办方与儿童应建立什么样的关系"的问题一直伴随着"儿童策展"的实践过程。恰巧，麓湖·A4 美术馆 iSTART 儿童艺术节的"小策展人"项目，因其"无墙"的空间、特殊的创作群体、开放的运行模式，切实践行着儿童的自我表述与被表述，也回应了当下美术馆中儿童展览，该如何重建其童年叙事伦理的问题。

1. 作为方法与观念的 "小策展人" 项目

小策展人项目是 iSTART 儿童艺术节中的重要单元。其以小策展人公开课、小策展人主题游戏工作坊、小策展人模拟策展工作坊、小策展人方案答辩等参与性项目为儿童赋能，形成由儿童及青少年构成的策展核心团队。项目通过广泛调研、方案策划、PBL（项目制学习）分主题项目、团体创作等形式，在官方组织的帮助下将小策展人们的构想落地。在这一过程中，艺术家、美术馆、第三方机构仅仅作为协助者，儿童则从参与者的身份转变为策划者和创造者。儿童们各式各样的作品突破了专业边界，发生在 A4 美术馆的艺术实践，就是儿童们自己的创作实践。

值得一提的是，"小策展人"并不只是单纯的一次活动，更是一种儿童主位的策展理念与方法。随着美术馆公共性和社会属性的增强，美术馆展览需要的不单单是传统意义的"策展人中心"，而是通过策展理念和机制的更新，在机构、艺术家、公众之间形成一种平等的共生关系，这便要求当下的儿童展览中弱化原有策展主体，凸显儿童本身在活动中的主体地位。"小策展人"项目在运行模式上表现出对儿童视角和儿童成长的关注，将传统策展模式进行解构，试图通过项目制学习、工作坊等多元化形式赋予儿童更多创作和表达权利，代表的是新美术馆学语境下展览主体的在场。这无疑为美术馆提供了一种新的儿童策展理念，即为儿童赋权。在这一理念之下随即衍生出了相应的策展方法——让儿童自主进行展览叙事设计，表达自我。例如第五届儿童艺术节中小策展人们策划的"再见学校，你好学校"展览，孩子们利用课余时间，通过不同的工作小组，完成各自对理想学校生活、制度、建设的立体图景，让大家看到同学们对学校的多元化解读，这对于我们重新认识青少年儿童与学校的关系有着重要作用。可以看出"小策展人"带有强烈的建构主义色彩，其充分考虑了展览本身对儿童成长的意义，以引导儿童构思、策划的方式参与艺术及社会问题的讨论，最终形成带有强烈个人风格和思考的儿童策展作品。以上种种为我们真正理解儿童心理、为儿童感知艺术都提供了区别于传统的途径，由此成为美术馆儿童策展的一种可持续的方法。与此同时"小策展人"更成为了一种推动儿童美育的方法，让儿童在参与式、实验性创作中更多地感受美、创造美。

2019 年第五届 iSTART 儿童艺术节"小策展人"项目答辩

2."小策展人"中的儿童创作者

从创作主体上说，"小策展人"中的儿童策展人以 4 岁以上的儿童为主，他们来自全国各地，背景各异，性格特质各不相同。在以往的经验中，他们常常与幼稚、被动、听话等词联系在一起，一般背负着繁重的课业，对艺术的自主创作能力较低，难以胜任"策展"工作。但在小策展人项目实践中，他们却展现出超乎想象的创造力、领导力甚至思辨力。创作姿态上，儿童策展人的创作大部分是以儿童真实性、体验式的方式从日常生活取材，从自身经验出发，再结合游戏、互动、装置等形式表现他们所经历的日常，由此出现了来源于作者被欺凌经历的"转校生的抉择"桌游、爱好研究蚂蚁的作者创造的"蚂蚁乐园"。这与专业艺术家或是其他儿童艺术项目堆砌儿童元素，或者让儿童单向度地参与命题创作的形式有着较大区别。创作形式上，小策展人的创作形式不拘、风格不限，绘画、雕塑、综合艺术都有，博伊斯那句"人人都是艺术家"在"小策展人"身上得到了最生动的体现。而这一句话正好回应了"小策展人"项目对儿童创作姿态的期待。创作主题上，"小策展人"的创作多是在美术馆制定的富有弹性的主题基础上为自己的作品命题。策展人李杰曾说为儿童策展，要"建立关于儿童的问题意识"，因此这些主题所探讨的社会议题大部分围绕着童年、教育、社会期待展开，将常人所忽视的儿童问题展现在观众面前。然而即便探讨的是看似严肃的话题，儿童们的作品中也很少有对生活困惑的极端表达，多了一份对未来世界的天马行空。他们对世界的向往，也不是以对抗的形式通过儿童—成人的二元对立表现出来。

A4 美术馆馆长孙莉曾谈及儿童策展人在参与活动时的参与度问题，这也是"小策展人"项目的另一大特点——在不同程度的自主创作中，儿童的主体性得到了体现。不论是传统儿童主题展览用成人建构的儿童形象激发观众的情感共鸣，还是成人干预、教导下的儿童命题式创作，其本质都是外来者站在旁观者的立场上表达自己，而非表达儿童。好在"小策展人"项目中，儿童从被艺术家代为表达的对象转变为艺术参与者和创作者。儿童们通过公开课、游戏工作坊、方案答辩的形式锻炼了他们的综合能力，随着这种综合能力而来的是儿童真正在活动中感受到被认真对待的尊严。一个很明显的变化是，"小策展人"项目让他们更加确定了自己的主体地位，"再见学校，你好学校"小策展人之一高嘉桧反复强调自己不刻意迎合他人的想法，觉得这样的自己才是真正的自己，因此和团队策划了"乌鸦喝水"项目。儿童主体性的体现，也体现在儿童在参与策划、创作的过程中有了表达自我的自信、欲望和权力。

而这种"参与"不仅仅是个体在单个项目中的参与深度，也代表着横向意义上广度的扩展。随着项目合作沿着社区、学校、乡村空间的不断深入，除了个体既往经验，小

"乌鸦喝水"项目

策展人的经验来源也开始扩大到团体共同经历以及对某一区域的历史性探索中。"无墙"美术馆的概念使得整个城市都成为儿童创作的空间,他们的探索和创作实践俨然成为了大型行为艺术,帮助他们践行着自我表达。美术馆是外界认识他们的平台,艺术是他们与外界交流的方式,他们乐意通过自己动手,传达儿童的声音,改变成人对他们的传统认知。

3. 儿童的自我表述与被表述

李杰在《童年美术馆》中写道:"如果他们鲜活的生活更值得讨论,那么艺术或者展览的转述是否有价值?"实践证明,"小策展人"用特殊的方法,让展览对儿童的"转述"变成了儿童自己的"表述"。[1]

与其他儿童艺术节把成人的审美趣味强加在儿童身上不同,iSTART"小策展人"的创作似乎是童年叙事展览中最不用担心、最贴近儿童的"我手写我心"之作。令人惊讶的是,"小策展人"的思考远比我们想象得要深邃有趣。例如2019年的"小策展人"吴联成会思考关于万物"绝对性"的问题,陈俊屹会思考"成功"的定义以及成功人生是否要追随潮流。又比如在2021年儿童艺术节的"烦恼Go Away"桌上游戏中,儿童策展人林可如用一小一大的同心圆代表烦恼和对应的解决办法,最终告诉我们办法总比问题多,这样的想法甚至反向疗愈了身处压力中的大人。而在"再见学校,你好学校"的展览策划中,"小策展人"有着学生和学校创造者的双重身份,其创作性质又与其他项目不太一样。对他们而言,不仅对自己真实身处的学校充满了解,同样也对未来学校有天马行空的想象。这种个人经验与艺术想象兼具的特征,也就使他们成了有足够自我表达能力的儿童,和"他们眼中学校"的讲述人。他们创建的"无墙有壁"学校鼓励儿童思考自由与独立,在《世界教育翻转日》中提出了"一校两制"的学校制度,也用"乌鸦能否喝到水?"表达了他们对所受教育提出的质疑。在他们所创作的脚本里映射出了青少年儿童们真实面对的种种社会现象。李杰在采访中曾说"孩子有很多东西是非常深邃的,有很多东西是值得我们反思的",这也无疑是"儿童是否具备自我表述可能"的有力回答。[2]

当然,既然创作者以儿童为主,而且是在成人艺术家与现实生活推动下的创作现象,"小策展人"的自我表述也难免存在一些局限。比如在创作能力上相对有局限性,一个小朋友想做关于三星堆文创的游戏,但由于自身摸索和技术能力受限,想法难以落

---

1 李杰,《童年美术馆》,北京联合出版公司,2021年。

2 A4美术馆,第五届iSTART儿童艺术节"童年的秘密"&"你好学校,再见学校"纪录片。

地，甚至一度想要放弃，此时成人艺术家的共创作用便凸显出来，他们鼓励并帮助小策展人梳理策展思维导图直到最终完成搭建。此外，即使儿童与美术馆在创作的关系上总体是互动共生的，"小策展人"与艺术也并非一开始就碰撞出火花。儿童们通常是充满不确定性的，对未知也不全是充满好奇和向往。曾经有一群幼儿园的小朋友拒绝参加iSTART，他们说没什么想法，不知道要做什么。而后在美术馆的引导下，他们才策划出了"反睡觉联盟"项目。可见儿童的自我表述过程中，除了充分信任他们的创作能力，同时也需要给予足够的支持和引导，才能使他们的想法顺利呈现为一个可被看见并对观众有所启发的作品。以"小策展人"为代表的儿童艺术创作，作为儿童对童年的一种充满启发性、日常性的表述，不仅丰富了创作者的童年真实生活，其自我表达的突破还一定程度改善了儿童失语现象，为他们表达自我和美术馆儿童策展如何建立机构和儿童的共生关系提供了有价值的样本。

 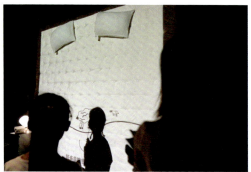

"烦恼 Go Away"项目　　　　　　　　　　　　　　　　"反睡觉联盟"项目

4. 重建美术馆中的童年叙事伦理

当下美术馆绝不只是一个展示美的地方，更是可以用自身的叙述方式对人类关注的问题进行追问的地方。在"小策展人"项目中，儿童们通过一系列公共议题将属于自己的童年故事呈现为一个个事件，串联起一代儿童的文化精神，艺术在此也成功转型为一种重塑童年的路径。而在这一路径之下的美术馆又该如何更好地讲述童年？

一是把握儿童本位与非儿童本位策展的关系。既然前文提到儿童们的创作具有局限性，也要承认这一身份难以全方位地表达童年，诚然童年的真切体验是艺术创作的基础，但这种体验也是艺术家回溯童年生活的深层架构所获得的精神层次的对话。因此，美术馆儿童展是否要下沉到只有儿童才能写童年，关键不在于写作者生理年龄如何"儿童"，而是能否调动真实的童年经验与创作个性在精神上"儿童"。在整个艺术节活动中，除了"小策展人"项目，也有大量成人艺术家的策划作品。在与儿童的互动中，成年艺术家们的童年记忆被打开，创造出一系列诸如《吃时间的人》《我和爸爸的流行曲》等既具有创作者人文关怀，又呈现成年视角下童年回忆的作品。这种"非儿童本位"的艺术表达方式与"小策展人"项目一起形成了一种良性的互动共生关系，开启了美术馆童年展览叙事的两种模式。

二是要把握儿童与美术馆的关系。不论是"小策展人"的共创式策展还是成人艺术家视角的策展，成人艺术家和儿童本身就伴随着两种思维模式之间的差异和冲突。这就意味着倾听儿童声音固然有利于童年的表达，但一味向儿童看齐似乎也不利于发挥艺术的最大功能。那么儿童与美术馆应该保持怎样的关系、怎样的态度，才能使美术馆童年叙事不落形式主义窠臼的同时又能展现其艺术特性？在李杰看来，从儿童视角出发去做艺术展，忘掉成人策展经验，让他们的作品得到自由表达，是成人参与儿童艺术应有的方式。同时也应注意展览必须达成的任务——作品的充分呈现。"对于儿童的创作能力给予充分的信任，保持沟通。同时在'火候'上给予足够的支持，作品自然有惊艳的呈现。"[1]而为了保证作品的呈现效果，除了在技术和设施上的支持之外，美术馆更应该从一开始构建具有艺术性的、充满弹性的主题，保证整个展览的趣味性和艺术性。因此对展览主题和板块的严格把控与策划过程的开放支持相结合，这样一种美术馆与儿童的弹性关系，才能最大限度地帮助儿童表达自我，同时也不失为一种重建美术馆童年叙事的姿态。

"后来越来越多的人问我，你们美术馆用什么标准来选择儿童的艺术品？我的回答始终是'真'"。[2]"小策展人"做到了，它向世人传达一个理念：艺术家共建也好、儿童自己创造也罢，其目的都并非要推出什么惊世作品，而是希望通过富有儿童感知性、真实的艺术实践，传递和践行一种更值得尊敬的认识儿童的方式。"小策展人"尽管只是当代中国美术馆儿童艺术活动的很小一部分，但作为一种策展方法与理念，却以"权利回落"的方式让我们窥探到了当代儿童心目中的童年面貌。

1　田晓耕，《为儿童策展还是让儿童策展》，乡村儿童美育网络公众号，2021年9月24日。

2　李杰，《童年美术馆》，北京联合出版公司，2021年。

以死亡之视角，感悟生命之绚烂

——iSTART 儿童艺术节项目《孩子们如何看待死亡？这是一个好问题》

文／熊娇如

　　第三届 iSTART 儿童艺术节开启于 2017 年，此次的儿童艺术节将展览分为了主题展、儿童展以及平行展览。其中儿童展"另一个世界"试图通过艺术家与儿童、教育工作者的合作共同探讨关于成人与儿童的认知边界问题。美术馆负责人郑苏倩老师以情景式教学以及项目式学习的方式对活动进行整体策划与组织，同时由成都 A4 美术馆负责人李杰老师进行指导，从而开启了一场有关"死亡教育"的艺术性活动。美术馆将"死亡教育"这一课题以较长的时间跨度作为校内整个学期的课题来完成，整个活动涉及全年龄段的孩子，参与人数达到上百人。

第三届 iSTART 儿童艺术节海报

"另一个世界"儿童艺术展海报

　　当死亡这一较为沉重的话题通过艺术将如何引导孩子们去理解死亡，去感悟死亡呢？艺术宫告诉了我们答案。这是一件数百位孩子关于生死的别样理解的作品，通过半年的时间他们创作了这些绘画装置作品，从死亡、重生、灵魂以及"解忧杂货铺"等主题出发，将幽默和乐观注入，从孩子的视角给出他们对于这个人类终极问题的理解。

自 20 世纪初期开始，伴随着"生命科学"以及"人文自由"的浪潮，一些西方国家开始逐渐推广"死亡教育"，发展至今已形成较为成熟的体系，而我国在这一方面仍然有所欠缺。根据科学论断显示，3 岁以上的孩子已经形成了对于生命和死亡的认知观念，对于这一阶段的儿童而言，死亡是一件可能遇见但是并不了解的事情。

从科学的角度来说，死亡就是身体器官的衰竭，是大脑永久性的抑制关闭。孩子们在四岁左右就会产生对于死亡的概念，引导其正确认识死亡十分有必要，否则就会建立起错误的认知。我国自古以来对于生命就有着崇高的敬意，对于死亡也是抱有敬而远之的态度，这源于千年以来植根于中华民族血脉的思想。这种现象不仅只是存在于我们国家，在世界上也是较为普遍存在的。只有通过死亡教育，才能让人们正确认识生命与死亡之间的关系，进而能够更好地了解生命的价值，感悟生命的意义。当了解到生与死是每一个生命体自然的生命历程，对于死亡本身便也不再感到那么恐惧，从而消除孩子们对于死亡内在的恐惧与焦虑，进而便会更加坦然地面对死亡，也会更加珍惜生命本身。

当我们逐渐长大，随着社会经验的累积以及学识的增长便会明白生与死乃生命常态。但对于孩子们来说，如果生命等于美好，那么死亡应该意味着什么？如何理解死亡，是一门如童话般优雅的课题，通过分析艺术宫策划的活动，我们可以更加清晰了解到他们如何向孩子们诠释"死亡"。

因为孩子们的思维发展呈现出差异化特征，让他们去理解"死亡"这个概念本身其实并不容易，而负责人郑老师之所以想要以"死亡"这个主题进行活动开展的原因在于：正因为"死亡"作为一个非常敏感的话题，国人其实会十分忌讳去谈论它。但对于儿童来说，对于不理解的事物，他们总是好奇的，因此时常会提出有关死亡的问题，但他们的家长却不知该如何进行解答，所以我们产生了用艺术的方式去谈论这个话题的想法，想要让更多的孩子去理解死亡，也去帮助更多的家庭去回答有关 "死亡"的难题。

由于单独讲死亡很难引起孩子们的共鸣，同时枯燥的文字也会显得十分乏味。展览第一部分通过不同的艺术维度进行巧妙的探索，其中包括连接电影、摄影、舞剧、动画、音乐等多种方式，通过抛出一些小的切入点，在前期对孩子们进行引导，而后每个孩子也都会逐渐开始有自己的想法。

通过电影《入殓师》的引导，策划者想探讨的是有关于死亡的尊严问题，影片以一名入殓师新手的视角，去观察各种各样的死亡，凝视围绕在逝者周围充满爱意的人们。面对死者，原来我们可以如此温情地进行看待。这样的故事让孩子们对于死亡有了第一步的粗略感知，也让孩子们明白入殓师的职业原来就是让已经冰冷的人重新焕发生机，赋予他们永恒的美丽。

通过摄影师荒木经惟的作品，讲述了这位摄影师穷其一生之力不断记录着"生与死，幸福与不幸"。他拍过和妻子阳子、爱猫奇洛，但最后阳子和奇洛相继过世离他而去，而他自己也经历了重病。他的照片随之变成了最平凡的日常和黑白的素雅，却流淌着化不开的爱与哀愁。

通过杨丽萍的舞蹈《孔雀之东》，讲述了有关重生的故事，这舞，成为了朝圣前的沐浴，成为了远行前的凝思；这舞，是放下，是告别，亦是重逢。杨丽萍将自己走到人生这个节点后得到的生命感悟融入《孔雀之冬》，带领年轻舞者体会生命尽头以及重生的感觉，以舞台的方式让更多人去体味一番生命的美丽。

电影《入殓师》海报　　　　　　荒木经惟作品展海报　　　　　杨丽萍舞蹈《孔雀之东》照片图

正是这样的多种方式，让"死亡教育"的开启不再显得单一与生硬，同时在这样的方式之下，孩子们的思维逐渐得到拓展，也不再对死亡感到未知与恐惧。那么艺术宫负责人郑老师又是如何进行活动的下一步呢？

通过"追忆、重生、成长"三个环节的精准阐述，策划者用艺术的表达方式解释了生死轮回的苦痛与惊喜。我们来自各方，都曾经历过属于自己辉煌而灿烂的一生，到了生命的终点，一生的丰功伟绩，只留下墓碑上的寥寥几笔，这些逝去的灵魂，最终将得到安息。葬礼之后，没有天堂与地狱；葬礼之后，是新的世界，像出生时一样纯洁平等。因此葬礼成为了一个重要的节点，想要开启"死亡教育"，也始终绕不开它。根据李杰老师的建议，郑老师在现场制作了许多具有象征意义的棺材，让孩子们对于死亡首先感到敬畏，以及能够通过葬礼的形式去追忆自己生命中那些陪伴过自己的美好记忆。

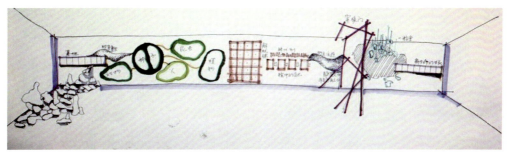

项目前期设计的手稿图

　　同时死亡不是终点，烈火焚尽了灵魂里最后的污秽，万物仿佛一夜间得到新生，草木度人，造化万千，新的旅程已经开始。第二阶段通过对各种生命体的描绘与联想，让孩子们感受到生命的力量。重生之后便到达了成长的阶段，在成长的过程中始终会出现各种各样的烦恼，解忧杂货铺的出现便是希望孩子们在这里寻找解药，化坎坷艰辛于明亮美好，像艺术品一样打磨自己，笑对生活。除了解忧杂货铺的外在力量祛除成长中的烦恼以外，郑老师还给出了另一个答案：通过给灵魂化妆，去探析藏在表层之下的深意。通过这些环节，为我们呈现出了一个结构完整，各要素之间环环相扣，构造出一个极具想象力与感知力的幻想世界。

　　而在第三届 iSTART 儿童艺术节的展览现场，则将这一片幻想世界的元素进行了完整演绎。展览开篇的第一环节，便是我们直面死亡这一问题的起始阶段，人们在进入展览时便会发现一个小型的由木板搭建的真实的棺材，棺材里搁置着由丝线组成的蜘蛛网、由木板雕刻的带有些可爱形态的骷髅形象，同时棺材上还运用相关塑胶材料制

孩子正在仔细观察"棺材"

作出一些带有"异生物"性质的小怪物，镶嵌在棺材板上的十字架还"生长"出许多的小蘑菇。通过运用这些象征性的符号元素，从而奠定了整场展览的艺术性表达。

　　展览的第二个部分，即是重生。这一部分是通过小龄段孩子们的作品进行展现，策展人郑苏倩老师用种子发芽的概念比作重生的阶段，其内在寓意在于人去世后所拥有的重生可能性。因为每个人的重生或许都会有所不同，有的可能重生后还会变成人类，有的可能就变成了其他形态，如植物、动物等，因此展览的这一阶段将小龄段孩子的作品分别划分为动物、种子、人、昆虫、植物进行区域式的展示。同时在第二部分的展览中，

以精子和卵子为基础形态，创作出了极具视觉效果的拼贴画，为孩子们解答了"我从哪里来"的问题。

接下来便到达了展览的第三部分——"给灵魂化个妆"。四幅画作的中间放置了一面镜子，观众往往会对此感到好奇从而靠近。当观众走到镜子前，其实从镜子里看到的就是一个完整的自己。但围绕着镜子的四幅作品中的人物，一半以骷髅的形式效果进行呈现，一半则是人物本来的样子。从镜子中，可以看到"我"完整的模样。画作中的也是用一半脸对这种有血有肉、完美的外身进行了诠释，但实际上画面的另一半的骷髅形象，同样是"我"，是灵魂深处的自己，因此也带有着寓意：每个人的内心或许都会有另外一个自己，与镜中看到的模样不太一样，和别人眼中看到的外在的自己也不一样，但那样的自己也是真实存在的，是我们每个人内心的另一面。"给灵魂化个妆"的主题，通过作品一半一半的视觉表达，同时作品和镜子一左一右组合悬挂于墙上，再加上现场的整体互动，让参观者们最终得以感悟自我升华的体验。

策展人郑苏倩老师正在向孩子们介绍作品

"给灵魂化个妆"现场布置

最后是解忧杂货铺，一个类似售卖亭一样的装置，在现场制作了一个有关"交换"的展签。在解忧杂货铺里除了会展览一些作品以外，墙上还会挂着许多的小卡片，卡片

策展人郑苏倩老师与孩子们在"解忧杂货铺"前互动的场景

"解忧杂货铺"的细节

上会提前印制一个梨形的线条图形，同时黑板上会有一句引导语：告诉我，你的烦恼是什么？每个参观者在拿到卡片时都可以根据这一基础图案绘制出自己的烦恼。虽然根据"死亡"这一主题，人们往往都会把这一梨形图案看作是骷髅头，但策展人郑老师并没有去定义它究竟是什么，因此这也成为了一个小小的互动环节，让任何形态都有创作的可能，可以是表情、职业或是心情，让观众肆意去释放自己的快乐、压力或悲伤。通过绘制卡片，投递到解忧杂货铺里的信箱，最终留下忧愁，带走快乐。

关于死亡的教育，当我们无法用语言来诠释时，让儿童用眼睛去看，用耳朵去听，用智慧去观察去思考。原来生命是如此值得崇敬，死亡也并非代表恐怖。整体来看，展览的布局从追忆到重生，由成长环节进行延展，最终所有的一切又回归到自我体验之上。这些都是以孩子们的想象力去回答成人世界中的现实问题的视觉呈现，也是教育设计的意义所在。

iSTART 儿童艺术节一直致力于艺术与教育之间关系的探讨，此次"另一个世界"展览的策划更是将"死亡教育"纳入其中。郑老师认为：当一件事被关注、被谈论得越来越多的时候，它就成为了一件自然而然的事情，就跟谈论"性"这个话题一样。但因为此次活动的时限较短，并不能从根本上改变什么，包括还有许多可以延伸的空间，比如孩子们喜欢养宠物，但却无法去面对失去的情绪，通过具有仪式感地给动物们进行葬礼的举办，从而让它们的主人获得情感上的抚慰。无论是已经开展的或是还未能开展的活动，或许都能成为一个撬点，作为在孩童成长阶段的一粒种子，当这粒种子生根发芽之时，说不定便能与未来其他领域的探究有所关联。最重要的一点便是去经历，去尝试，去体验！

长大其实就是一场又一场的告别，我们的生命源于何处，我们生命的归途又该去往何地？死亡，是一个重要的话题；但对于死亡本身，我们向来是忌讳的。因为死亡是一件令人感到悲痛的事情，因为死亡，是一件复杂的事情……马丁·海德格尔在《存在与时间》中写道向死而生的意义是：当你无限接近死亡，才能深切体会生的意义。只有勇敢直面死亡，才有足够的勇气去接受或对抗死亡，也才有足够的热情去热爱生活。村上春树在《且听风吟》中写道我们是在时间之中彷徨，从宇宙诞生直到死亡的时间里。所以我们无所谓生，也无所谓死，只是风。一代代人终将故去，但家族的脉络终会延续，死亡也无法阻挡生命的步伐，生命，将会永远生生不息。正如《寻梦环游记》中说道死亡不是生命的终点，遗忘才是。

    生命有始亦有终，死亡是每一个生命不可逃避的结局，也是每个人不得不面对的终极命题。死亡教育是生命教育中不可或缺的成分，缺乏死亡教育的生命教育是不完整的、缺乏深度和说服力的。只有了解了死亡，才会感恩生命，认识生命的可贵。将"死亡"这一沉重的话题用艺术这层糖衣进行包裹，让孩子们能够不再畏惧"死亡"这一命题，通过新的视角去看待死亡，去感悟生命本身所具有的绚烂与美好。

为儿童赋权

——以"乌鸦喝水"项目为例[1]

文 / 黄守英

1. 从学校到美术馆的思辨之旅

2019 年 iSTART 策展团队提出主题"再见学校,你好学校",这个主题比起以往 iSTART 基于儿童群体的定位又向更加多元化的馆校合作迈进了一步。最初参与 iSTART 项目参与者年龄跨度在 4 ~ 12 岁,然而在 2018 年,经过 iSTART 负责人李杰老师和馆长的交流沟通后,决定将参与者的年龄限定在 16 岁以下。2019 年,李杰老师认为不应该让高中生的热情和活力被束缚,因此将参与者的年龄上调至 18 岁以下,这一举措也为成都七中国际部的学生参与项目提供了机会。

通过与 iSTART 策展团队的合作,成都七中国际部的学生们得以深入参与"乌鸦喝水"项目的每一个环节,从公开课、工作坊到最终的展览策划与组织,这一过程极大地提升了他们的创造力、组织能力和团队合作能力。特别是在项目的后期,学生们亲自担任策展人和参与者的角色,这种身份的转变赋予了他们前所未有的责任感和主动性,使他们能够从实践中学习并发展自己的能力。

"乌鸦喝水"这一项目充分展现了馆校教育对学生创造力的激发,将学习与艺术融合,以学生为主体,强调主动学习和批判性思维的重要性。该项目不仅仅是一场展览,而是一个教育实验,通过实际操作和参与,让学生们在实践中学习,从而更深刻地理解和掌握知识。策展学生通过"乌鸦喝水"的实验发现传统教育中未经质疑的问题,从而把它作为切入点,来呼吁"拒绝填鸭式教育,要有自己的思辨能力"[2]这是整个项目的核心。所以他们采用调查问卷以及数据分析的方式去真实地传达孩子们的心声,以及对教育的思考。

2. 一场寓言新解的展览之旅

在成都七中国际部,当学生们得知主题为"再见学校,你好学校"时,纷纷开始寻

1　本案例信息来自 iSTART 儿童艺术节项目内部资料 A4 文献中心。
2　A4 美术馆,2019"再见学校,你好学校"活动介绍,内部资料。

找他们作品的创作方向和突破口。这一过程中，大家都显得苦思冥想。直到国际部高一年级的学生戴华润偶然观看了一条关于"乌鸦喝水"的视频，他的思路才发生了转变。这个寓言故事几乎所有人从小就耳熟能详，告诉人们遇到困难要运用智慧、认真思考才能让问题迎刃而解的道理，却鲜少有人对其真实性提出过质疑。戴华润通过观看"乌鸦喝水"的实验短片发现，与故事中描述的相反，即便将容器填满石头，乌鸦也无法喝到水，这一发现让他深受触动。这不仅仅是对一个广为流传故事的实证检验，更是对传统知识接受方式的一种挑战和思考。

当国际部的学生们决定以"乌鸦喝水"作为本次展览的主题，他们便开始了筹备工作。他们探讨了一个问题："什么是完美的学校？"为了艺术化地表达自己的观点，学生们计划通过问卷调查收集数据，然后结合自己的看法进行展示。为此，他们在成都等地发起了问卷调查。然而，在展览的筹备过程中，团队内部的争吵也随之爆发。"为什么不听我的意见？""你怎么不做？""我为什么要听你的？"等一系列的争执使得项目一度面临停滞。也有一些同学因为各种原因选择退出。尽管如此，最终仍有 10 名同学选择坚持下去。他们开始反思之前的争执，并继续前进。尽管过程充满挑战，但这群坚持下来的学生最终在展览的设计与呈现上取得了显著成果。展览被巧妙地划分为三个清晰的部分，每部分都紧密地跟随着学生们的创作轨迹。通过这样的布局，观众可以清楚地跟随学生们的思考轨迹，从而深入理解他们通过艺术表达的观点和情感。

起始部分，策展学生根据学霸同学的形象设计了"两只乌鸦"，在展馆内"两只乌鸦"的肚子里放了显示屏，播放"乌鸦喝水"实验小短片，这一选择不仅吸引了观众的注意力，而且利用了观众对乌鸦最终能喝到水的普遍预期，来制造思想上的震撼和反思。实验的结果往往出乎观众的预料，从而在观众心中激起对常规思维方式的质疑，引发深层次的思考。从而达到了策展团队想要传达的深层次意图："拒绝填鸭式教育，要有自己的思辨能力"。我们不仅被提醒要对教育保持一种批判性的思考态度，同时，它也为整个展览设定了探索真理和创新精神的基调。

继实验短片之后，展览的又一个亮点是一面展示着数据的墙，这些数据源自问卷调查，覆盖了自我篇、校园篇、家长篇等 9 个篇章共计 42 道选择题及 15 道简答题，最终收集到了来自成都、重庆等地的问卷近 1000 份。策展学生们把做好的调查问卷进行数据分析后，策展学生通过图画和排列，一笔一画地将这些数据可视化，巧妙地展示在展馆的墙壁上。这样的展示不仅让数据一目了然，也使观众能够直观地感受到学生们对于教育现状的关注和思考。

最后，通过提出一个开放性问题，展览鼓励观众参与到思考和讨论中来，不仅促使观众反思传统观念和教育方法，也强调了策展团队对互动和观众参与价值的重视。快乐、美好、喜悦和骄傲成为了项目完成后的真实写照。这些情感不仅反映了参与学生在克服困难和挑战后的成就感，也体现了他们通过艺术和数据共同创造出的影响力。

展成照片（图源：A4 美术馆）

3. 赋予儿童权利，点燃创造火花

在 2017 年，李杰老师阅读了一本带锁的紫色笔记本，里面记载着关于"嘎嘎国的指南"的内容，这本笔记本是由三位年仅 11 岁的小女孩连续三年不间断地书写完成的，内容极为细致入微。然而，这些小女孩从未展示过这本笔记本给家长或老师看。这个故事就揭示了一个事实：儿童们从未缺乏想象力和勇气去行动，他们所缺少的是大人们的支持、理解和赋予他们发挥的机会。基于这一观察，李杰老师决定通过自主策划项目来提升青少年的创造力、组织能力以及独立思考的能力。

权力下放在实际应用中是一个复杂的过程，尤其是在涉及教育和文化项目时。以"乌鸦喝水"展览项目为例，我们可以探讨这一过程的多个层面。项目一开始，李杰老师在成都七中国际部开展艺术分享活动，讨论美术馆趣事以及艺术中的独立思考与价值多元性。这些分享会吸引了学生们的极大兴趣，他们热情地与李杰老师交流自己的家庭和学校生活感受。随着交流的不断深入，师生之间的关系得以加强，学生对艺术的理解也更加深刻。

几个月后，体验过艺术"甜头"的学生参与了iSTART的小策展人项目。在"乌鸦喝水"展览的策划和实施过程中，权力下放的实践挑战逐渐显现。一开始，学生们计划在5月中旬完成调研，但学校的负责老师担心这样的时间安排过于紧迫，可能会影响后续工作的质量。而美术馆方面认为5月完成调研是合理的。随后的时间被安排在6月进行项目细化，包括完成调研报告、策展理念说明，并提出展场概念。还提出了可能在6月进行部分布展的建议，尤其是如果希望在学校空间进行"分展场"的展览。最终，美术馆定于8月1～16日进行布展。

在策展方案的讨论、国际部问卷的设计与分发，以及数据分析和项目方案的初步拟定过程中，都遇到了各种问题。

学生们质疑："我们到底有多少职责？根据之前的交流，李杰老师似乎并没有准备把布展的所有任务全部交给我们，我们需要明确我们的职责范围。"对此，李杰老师回应说："你们的核心权力在于概念图、空间构想图以及调研和策展概念方面，但如果你们愿意并有时间参与，团队也可以深入参与整个展览的现场布展。"

小策展人、小艺术家线下讨论活动照片（图源：A4美术馆）

这个案例展示了，如果没有持续的沟通和逐步的权力下放，整个展览的效果可能无法达到现有的状态。学生们争取到了为自己布展的权利，通常这些工作可能由专业团队完成，但正是因为孩子们的参与，我们才能在展厅中看到他们一笔一画认真绘制在墙壁上的作品。这种真实性的体现，远比电脑打印的文字更具感染力。经历了近半年的时间，这场展览不仅让这群学生获得了新的认知和成长，还通过一系列的数据和布展构思展示了他们的认真和积极投入。

权力下放给儿童在策展过程中不仅是一个挑战，也是对美术馆负责人专业素养和对儿童支持及陪伴能力的极大考验。这种策展理念的转变，不仅要求美术馆的管理层需要具备专业知识，而且还要有深刻的教育洞察力和对儿童成长需求的理解。如果美术馆不将权力赋予儿童，就会错失展示童真的展览和升华展览内容的机会。大多数儿童展览本质上都和儿童无关，或者儿童只是作为它们的受众而不是主体。展览缺少有价值的观点、反思儿童成长的态度、提供关照儿童的新视角或方法，没有给予儿童有营养的知识，即使在技术上花样翻新，但内核依旧是简单的感官刺激。[1] 这不仅限于儿童对视觉效果的追求，而忽视了教育的本质和儿童对知识的真正需求。展览缺乏深度和教育意义时，孩子们及其家庭可能仅仅被表面的话题和视觉吸引，而无法在展览中获得真正的思考、学习和成长体验。

因此，为儿童策展是一项极具价值的工作，它不仅可以增强儿童的参与感和主体性，还能通过提供具有教育意义的内容和互动体验，促进儿童的全面发展。A4 美术馆在这一过程中应致力于保证展览的主题策划、展品的趣味性以及现场体验的品质，以适应儿童的需求和兴趣，同时教育和启发他们。这样的展览不仅能够提升儿童的美学感受和创造力，还能帮助他们在参与和实践中学习到更多，形成价值观和世界观。在这个意义上，美术馆的角色从单纯的展示空间转变为一个教育和文化的互动平台，这是美术馆和教育领域持续进步的重要方向。

正是这种从美术馆和学校教师那里"放权"的举措，激发了学生们充分展现其想象力和创造力的可能。在这个过程中，学生们不仅接受了更多的自主权，而且孩子们在展览的筹备和执行过程中也展现出了高效的"分权"。例如，何冠邑同学负责调查问卷的数据分析，高嘉桧同学则担任项目文案的工作。超过 10 名同学各司其职，有条不紊地完成了自己的任务，即便面对紧凑的时间表，他们依然有效安排时间，确保顺利完成各自负责的板块。即使在遇到家长的反对，担心会影响学习时，这些学生不仅能够耐心解释，还坚持参与项目。这不仅证明了他们在时间管理和规划方面的清晰目标，还表明他们能够在保持学业成绩的同时，对自己感兴趣的事情投入极大的热情。所以这种"分权"机制使得每个学生都能在他们最擅长或最感兴趣的领域贡献自己的力量，从而提高了整个团队的协作效率和创作的质量。

---

1 李杰，《美术馆因儿童改变——作为"沉默他者"的儿童如何参与美术馆公共关系的重塑》，《当代美术家》，2022 年第 4 期，第 12–19 页。

4.同龄人的声音

当孩子们被赋予"发声"的权利时，他们往往会从自身的视角出发，为自己争取正当的认可。通过"乌鸦喝水"寓言故事的实践，学生们的创造欲被激发，他们不仅发现了传统教育中未经质疑的问题，还展示了年轻人敢于质疑和创新的精神。为了传达经过验证和具体实施的数据，他们收集了1000多份调查问卷进行分析。这些调查结果揭示了高中生对于教育体验的真实感受：例如，有92%的学生认为"学校不应该公布我的成绩"。关联数据还进一步显示，并且他们大多数都是对未来有一定规划的人。82%的学生极其"看重老师的亲和度"，因此也十分在意自己所处的学生群体的风气；而有94%的学生"十分在意所处同学的群体风气"，指出了同伴环境对个人成长的影响。同时，学生们还提供了相关系数的值及其原因分析，旨在更科学地解读这些数据。

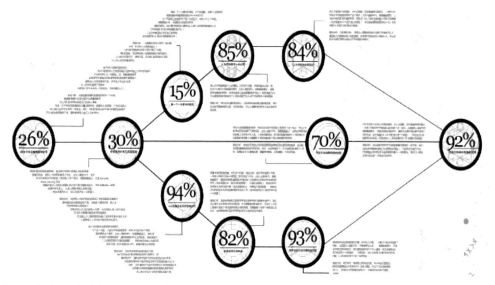

问卷调查具体分析数据（图源：A4美术馆）

通过这样的实践，展览意图呈现高中生的真实感受和看法，无论是关于学校、老师还是同学间的关系。这不仅是对传统教育方法的一种质疑，也是对改进教育环境、促进学生个人成长的有力呼吁。通过"乌鸦喝水"展览，策展学生们坦言希望社会能更深入、更全面地理解高中生的生活和思想，认识到他们不仅仅是学习机器，而是有思想、有创新精神的年轻人。在这个项目中，策展学生们真正找到了自己的定位——付出不仅成就自己、更是成就他人。

这场展览为策展学生团队提供了一个难得的机会，让他们能够为自己的想法和见解发声，并且珍视这次展示创意与传递信息的平台。展览的整体布局极具逻辑性和连贯性，恰如其分地反映了策展团队的深入思考和清晰的传达目的。

5. 策展人的摇篮：美术馆与学校共育

这场展览之所以引人注目，关键在于它不仅体现了策展学生团队出色的逻辑思维和精心策划的布展分布，更重要的是，它彰显了 A4 美术馆提供的教育资源和专业指导对于激发和形成学生创意思维的至关重要作用。美术馆所提供的工作坊、公开课程等资源不只是启发了学生们的创造力，也为他们在艺术和展览策划的实践中探索个性化的表达方式提供了坚实的平台。此外，学校教师在这一创造性过程中的指导和支持，是学生们将抽象概念转化为具体展览内容不可或缺的助力。这种美术馆、学校和学生的紧密协作，不只是促成了一次视觉艺术的呈现，它更是一个通过创意与交流，促进学生思维发展和灵感交汇的平台。

通过 iSTART 项目，我们看到了一个馆校合作创新的生动实践，其中学生被放在了项目的核心位置，担任策展人和参与者的角色，展示了学生主导学习的强大潜力。项目通过美术馆与学校之间的合作，为学生提供了一个跨学科的实践平台，不仅扩展了他们的知识视野，也锻炼了他们的组织管理、团队协作和批判性思维能力。面对过程中的挑战，学生们展现出了坚韧不拔的精神和高效的问题解决能力，最终成功地通过艺术和数据呈现了他们对教育现状的深刻思考。iSTART 项目不仅促进了学生的个人成长，也为传统教育模式提供了宝贵的反思和创新的可能，强调了在教育过程中培养学生的独立思考能力、创造力和实际操作能力的重要性。

游戏的人大冒险

文 / 任欢

　　"游戏的人大冒险"由游戏的人档案馆（Homo Ludens Archive）与 A4 美术馆于 2022 年共创，它是一个尺寸可变的大型艺术装置，在 iSTART 展厅呈现出"档案馆"里不存在的游戏，以及在不同的空间呈现不同阶段的游戏。此装置的愿景是通过儿童"玩"的愿望、反馈与收获，评估儿童权利中缺失的部分，从而寻找到不可见的现实，并试图通过游戏重新激活与连接它们，从"玩"的多元视角，重新反思"艺术"与"创造"对于儿童发展的积极意义。所有的展项，最终都是为了"游戏的人的自我发现与自我觉醒"这个目标而存在，它邀请我们一同踏上这场大冒险，去探索、去发现、去觉醒，去重新认识那个隐藏在内心深处的"游戏的人"。[1]

1. 游戏世界观架构

　　"游戏的人大冒险"所构建的世界观，与常规的游戏设定有所不同。它巧妙地融合了游戏中常见的"德鲁伊"形象与现实中古老的"督伊德教"文化，将德鲁伊信仰中的核心元素——国王之树"橡树"作为整个展览的灵魂与核心。这棵巍峨的橡树不仅是知识的源泉，更是游戏能量的发源地。它以一种寓言式的方式，向参观者展示了一个充满奇幻与冒险的游戏世界。[2]

　　在这个世界中，每一个儿童、玩家以及参观者都被赋予了"蘑菇人"的身份。这些蘑菇人依赖大橡树而生，他们通过汲取游戏精神和游戏能量来不断成长。随着他们的成长，游戏能量成为了他们生活中不可或缺的养料。小蘑菇们在游玩的过程中，逐渐展现出各自独特的玩家倾向，形成了四种不同的玩家群体：探索者、思想者、创造者、活动家。探索者们充满好奇，他们热衷于在游戏世界中寻找未知的奥秘；思想者们则更擅长于思考游戏的深层含义，他们善于从游戏中提取智慧；创造者们则是游戏的建筑师，他们用无限的创意打造出一个又一个令人惊叹的游戏世界；而活动家们则是游戏的推动者，他们积极参与游戏中，用自己的行动影响着整个游戏社区。

　　随着蘑菇人的成长，他们中的一部分会逐渐进化为中蘑菇。这些中蘑菇已经具备了较高的游戏素养，他们不仅善于收集游戏能量，更能够将其转化为自己的创造力。而那

1　A4 美术馆第八届 iSTART 儿童艺术节策展内部资料，A4 文献中心提供.

2　刘梦霏、梅雪芹，《自然及"圣林"在督伊德教信仰中的作用辨析》，《学术研究》，2019 年第 02 期，111-178.

"游戏的人大冒险"
展览现场（局部），
A4 美术馆，2022 年

"游戏的人大冒险"
展览现场（局部），
A4 美术馆，2022 年

些在游戏思考或创作方面有着更深造诣的蘑菇人，最终会蜕变为蘑菇爷爷或蘑菇奶奶。他们是游戏能量的转化再创造者，是游戏世界中的智者与领袖。

A4 美术馆与游戏的人档案将这个展览空间不仅是作为一个展示游戏文化的场所，更是一个探讨游戏与人类价值观关系的平台。它告诉我们，游戏不仅仅是一种娱乐方式，更是一种强大的价值观塑造媒介。通过游戏，我们可以找到自己的位置，实现自我价值，也可以与他人建立深厚的联系，共同创造一个更加美好的游戏世界。

2. 游戏迷踪的能量再生空间

初入展厅内，精心打造的草地、沙漠等自然布景与巧妙设计的游戏机制共同构建了一个如梦似幻的"爱丽丝的兔子洞"。这里，每一位玩家都有机会以独特的视角接近自然，甚至成为自然的一部分。在芦苇丛环绕的小窝中，玩家们可以通过游戏机制，化身为一朵随风摇曳的花，或是一只在丛林中自由穿梭的狐狸。他们可以在游戏中体验大鹭从头顶掠过时的震撼，也可以直面风沙席卷的壮阔。与此同时，展厅的对墙屏幕上则展示着游戏中自然景致的另一面。部分游戏将自然描绘得如诗如画，成为了停滞的美丽布景；而另一些游戏则深刻表现了自然被污染、被破坏的沉重现实。这种对比鲜明的体验，旨在引导玩家们深入思考游戏中的"第二自然"，发现其中所蕴含的深刻内涵。为了营造更加沉浸式的体验，展厅内所选择的游戏都是和缓、自然、具有沉思性的。玩家们可以在游戏中放慢脚步，感受自然的韵律，思考人与自然的关系。

在展厅的中心，一棵主干大树巍峨耸立，周围环绕着各种不同的自然风貌布景。玩家们的游戏画面实时投射至走廊两侧的墙面，这些投影与游戏式墙绘交相辉映，共同构成了展厅内一道亮丽的风景线。在这里，玩家们的实时游玩本身就是游戏史的一部分，他们的每一次操作、每一次选择都在为游戏史增添新的篇章。

"游戏的人大冒险"展览现场（局部），A4 美术馆，2022 年　　"游戏的人大冒险"展览现场，A4 美术馆，2022 年

对于那些没有选择钻进草丛的玩家，他们同样可以在展厅内观看其他玩家的游戏过程，收集信息，感受游戏的魅力。草丛内布置着游戏机或电脑，内置的自然体验类游戏让玩家们可以随时随地沉浸于自然之中。此外，展厅内还设计了一条石头小路，它简单而隐蔽，隐藏着跳格子或别踩黑线等小游戏。玩家们在漫步于小路的同时，也可以享受游戏的乐趣，感受自然与游戏的和谐交融。整个展厅通过媒体、自然等多元内容的融合，为玩家们打造了一个既充满想象力又富有教育意义的游戏空间。在这里，玩家们不仅可以享受游戏的乐趣，更可以在游戏中发现自然之美、思考人与自然的关系，完成一次别样的"成年仪式"。

"游戏的人大冒险"展览现场的小观众，A4 美术馆，2022 年

3. 国王橡树：游戏能量之精华

玩家们依循线索来到这片充满神秘与魅力的游戏世界自留地——国王橡树。这棵大树不仅是游戏的象征，更是我们思考社会与游戏关系的重要载体。它身上刻满了欧甘树文密码，仿佛诉说着古老而深沉的智慧。树上，各式各样的玩具和蘑菇人的家园相映成趣，而二层树屋则成为了玩家们探险和梦想的乐园。

在"国王橡树"的树洞中，我们特别设置了一个中药柜样式的问题柜。它静静地等待着玩家的开启，期待着与玩家们进行一场深入的对话。柜子里，既有关于身份与社会议题的卡片，也有看似好玩或"可疑"的柜子，这些元素都反映了社会对游戏的复杂看法。游戏，作为一种文化现象和娱乐方式，常常受到各种社会议题的关注和讨论。有人认为游戏能够带来乐趣和放松，有人认为游戏能够培养思维和创造力，但也有人担忧游戏会导致沉迷和负面影响。然而，现在各行各业都不可避免地会将游戏作为一种营销手段，让用户对品牌"上瘾"，因为如果你想得到"玩家"，任何游戏都需要趣味，所以你必须在趣味中注入资源和创造力。

展厅的树洞里还挂满了"箴言树叶"，每一片树叶都承载着一个"社会议题"的关键词。观众可以打开叶片，看到与议题相关的疑问和观点。这些观点均来自真实的大小玩家，他们用自己的经历和思考，为这片游戏世界增添了更多的色彩和深度。我们希望这些"箴

"言树叶"能够引发观众的思考，让他们重新审视游戏在社会中的角色和价值。

"游戏的人大冒险"展览现场的树屋全景，A4 美术馆，2022 年

"游戏的人大冒险"展览现场（局部），A4 美术馆，2022 年

　　二楼树屋处设置的"放课后少年""完美的一天"等游戏，更是为玩家提供了一个重返过去、审视父辈生活的机会。通过以小学生的视角进行游戏，玩家们可以了解每个人的愿望和他们面临的危机，感受时代的变迁与历史的厚重。这些游戏不仅让玩家们沉浸在游戏世界中，更让他们在游戏中学习和成长，认识到游戏教育的正向价值。

　　游戏不仅仅是一种娱乐方式，更是一种重要的教育工具。它能够激发玩家们的创造力和想象力，培养他们的团队合作和沟通能力，提升他们的思维水平和解决问题的能力。同时，游戏也能够让玩家们更好地理解和应对社会中的各种问题和挑战，成为具有社会责任感和公民意识的现代人。因此，我们希望每一个来到国王橡树的玩家都能够深入体验和探索这个充满智慧与乐趣的游戏世界。无论是小朋友们还是家长们，都能够在这里找到属于自己的乐趣和成长。

4. 游戏能量进阶路线：游戏史时间轴

　　游戏中的文化，其实并非仅仅是将文化的"知识"简单地移植到游戏中。它更深远的意义在于，在游戏中，通过人们的真实互动，构建起一种文化"认同"，这种认同不仅是个体的，更是一个时代、一个社会的"记忆"。当我们走进 A4 美术馆精心设计的游戏展厅，墙上陈列着旧式电脑、复古游戏机，还有供玩家书写自己游戏记忆的小桌板，这不仅仅是对过去的回顾，更是一次心灵的触动。年龄稍长的玩家在这里，能够找回那些与游戏相伴的青春岁月，重温那些经典的游戏时刻。

在这个展厅中，游戏的历史从近到远，从古到今，如同一条时间轴缓缓展开。每一个游戏，都是这条时间轴上的一个节点，它们相互演变、影响、发展，形成了一条独特的线索。而蘑菇人（玩家），作为游戏中的主角，他们不仅是游戏的参与者，更是游戏史的体验者和书写者。他们在游戏中经历试练，积累游戏素养，明确自己的玩家身份。

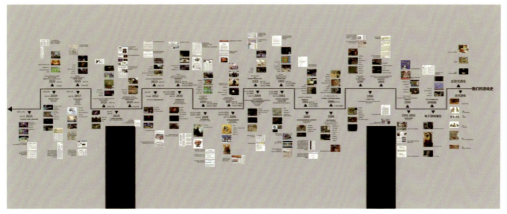

"游戏的人大冒险"展览时间轴，A4 美术馆，2022 年

"游戏的人大冒险"展览现场（局部），A4 美术馆，2022 年

而展厅中的设计，也巧妙地融入了游戏教育的价值和目的。通过正体字历史、手绘的游戏影像线索、可互动的屏幕、电脑、游戏机等多种元素，让玩家在欣赏与互动中，深入了解游戏的历史与发展，感受游戏的魅力与价值。更重要的是，通过这些设计，玩家能够认识到游戏不仅是一种娱乐方式，更是一种文化现象，它承载着人类的智慧与创意，反映着社会的变迁与进步。

然而，游戏中也存在着一些负面因素，如同展厅中的黏菌一样，它们会遮蔽游戏的正向价值，留下对游戏的曲解与禁锢。这些负面因素，如果得不到及时的揭示与清除，就会影响到玩家对游戏的正确认识，甚至让他们成为"黏菌的囚徒"，诋毁正常的游戏行动，传播偏见认识，进一步造成游戏世界的塌缩。玩家们的任务，就是要揭开这些被黏菌侵略的区域，为蘑菇人们解放游戏能量，让游戏回归其本真的乐趣和意义。

所有的展项，它们的存在并非仅仅为了展示游戏的绚丽画面或精彩玩法，而是最终指向一个更为深远的目标——"游戏的人的自我发现与自我觉醒"。这是一场与众不同的展览，设计者在这里呈现的是游戏的多元面貌，但更深层次的期望，是触发每个人内心深处那个"游戏的人"的觉醒。每个人心中，都住着一个"游戏的人"，他充满了无尽的创造力，拥有鲜明的主体性，怀揣着拯救世界的英雄梦想。然而，随着岁月的流逝，生活的压力与琐碎，往往使得这个"游戏的人"渐渐沉睡，被遗忘在心灵的角落。而这场展览，就是希望能够唤醒他，让他重新焕发生机。同时设计者的愿景是希望这场展览，如同一场盛大的"大冒险"，不仅能让孩子们玩得开心，释放他们的天性，更能让他们在这场冒险中，找到那个真实的、充满梦想的自己。同时，A4 美术馆也希望参观者能够与孩子们一同站在这个冒险的起点，共同正视游戏，重新找回那份儿童般的游戏之心。

游戏，不仅是一种娱乐方式，更是一种生活的态度，一种对世界的探索与理解。正如赫伊津哈在《游戏的人：文化中游戏成分的研究》中提到"我们在物种上就是游戏的人，我们的一切社会制度都在游戏中发展，游戏既符合我们的天性，游戏的权利也是基本人权的自然表达"。[1] 游戏让我们在虚拟的世界里，体验不同的角色，感受不同的情感，从而更加深入地理解自己，理解他人，理解这个世界。因此，我们期待每一位参观者，都能在这场展览中，找到那个属于自己的"游戏的人"，并与之共同踏上一段全新的旅程。

1　赫伊津哈，何道宽译，《游戏的人：文化中游戏成分的研究》，花城出版社，2007。

iSTART 儿童艺术节"折叠学校"共创项目与 PBL 课程实践 [1]

文 / 康刘星灵

在 iSTART 儿童艺术节展厅里,展示着一座巨大的"游轮",它是由麓湖小学的学生们利用课余时间共同完成的"折叠学校"创作。这个"折叠学校"是孩子们对学校的全新创意,其中的一切都由纸折叠而成。上完课后,教学楼可以变形成其他空间,操场和厕所也可以巧妙地折叠在一起,这样体育课时再也不必为上厕所而烦恼了。这里的"折叠"就像变形金刚中的汽车人一样灵活多变。孩子们设计的方舟折叠学校拥有精确的结构和功能设置,它由多层折叠结构组成,方舟可以无限折叠。校长的讲话和公开课可以通过自动摇臂伸展到天空讲台。语文老师和数学老师也可以合二为一,所有科目的教师都可以相互折叠、交融和互换角色,随时根据需要进行切换。同时,这所学校还可以随时启航,环游世界,边开边学习。

这个创意的起源是在 PBL 课上,逐渐扩展到学校的其他课程中,包括学校其他美术老师在常规课程中也引入了这个折叠概念。从 PBL 课延伸到常规美术课,各个年龄阶段的学生都参与了这个活动。采用了简单的折纸方式,使所有孩子都能迅速进入状态,降低了门槛,不强调复杂的技法。重点是让学生将他们认为有趣的空间想法直接折叠。于是,形成了旅行折叠教学楼、折叠教室、折叠老师和折叠同学等有趣的概念。学生们开始展现创意,认为教学楼、老师、同学都可以像折纸一样多功能,可以相互学习和渗透。这形成了一个基础概念,称之为折叠老师和折叠同学,融入了一些恶作剧和其他综合的概念。构想学校不应受限于一个固定位置,而像哈尔的移动城堡一样可以不断飞行,旅行到世界各地学习,没有边界的限制。

1."折叠学校"设计过程

为什么选择设计成方舟呢?因为在麓湖社区有丰富的水域和龙舟节、渔获节,所以他们可能联想到原本就有船和与此相关的内容,最初的原稿叫作折叠方舟学校,后来设想是一个可以飞行的方舟空间作为学校的形态,孩子们认为一边学习一边旅行更适合他们,他们画折叠人的草图,认为用折叠的方式可以将老师和同学折叠出来。因为在制作过程中,他们发现单层方舟无法承载他们的体量,所以设计了双层建筑。此外他们还设

---

1 案例信息源于 2024 年 1 月 26 日对花田艺术 KK 老师的采访内容整理。

计了智能化元素，例如挖机摇臂，像校长讲话的台子可以全自动将校长升上去，侧面是每个同学一个格子，格子里有个小空间。在实施时，他们将其折叠成小方盒。

班级内各种空间开始折叠，而在这个过程中，老师并没有限制他们必须折叠成什么具体的东西，他们开始通过一张白纸、一些剪刀和简单的拼贴粘贴进行实验。

"折叠学校"草图

他们尝试设计一些有趣的空间形状。在设计过程中，开始玩起各种有趣的元素。由于他们的玩耍，许多有趣的空间形成，包括构成明确或者半抽象的人物形象。一些空间变得更加丰富，甚至出现了一些信号连线和特殊的空间。他们采用了卷折剪拼等综合手法，他们制作的各种空间逐渐组装在一个载体上，最初是在教室里进行了尝试和实验。

随后，许多班级参与进来，包括一些参加常规美术课的学生。这些学生在上美术课时也加入到学校项目中，发现这个项目很有趣。他们开始折叠各种空间，最初只是折叠一些他们最喜欢的小空间，如小宿舍，内部的样子由他们自己设计。在这个过程中，他们还尝试了一些变化和选择，包括一些类似可以弹簧的空间。

孩子们制作"折叠学校"现场1

"折叠学校"的零件

孩子们制作"折叠学校"现场 2

　　有些同学提到将动力系统折叠进去，像大风扇的风叶，还包括折叠一些类似发动机的齿轮状物体。

　　在设计布置展场的时候，他们计划在现场形状的基础上进行组装，包括一些文献和资料。他们将自己折叠的一些零件添加上去，认为折叠是空间的一种不断延展的表现，

"折叠学校"展览布置现场和成果展示（图源：麓湖小学）

甚至在文献资料边上也折叠了一些东西，将折叠学校的一些零件安装上去，认为这也是文献的一部分。

在装置顶部，水面在天上，就像一面镜子倒影一样，上面还有一些水波纹。这些水波纹也是折叠出来的，类似于带有弯曲的纸飞机，呈现出旋涡状。他们设计的时候想让这些旋涡状的水波纹有点像穿越空间，从一个空间穿越到另一个空间，其中蕴含一些预测的想法。

对未来的"折叠学校"的探索：初步延展已经完成，折叠不仅仅是像装置艺术那样简单呈现，朝着无限折叠的方向发展。无限折叠是一个在过程中不断变化的空间，还计划创建一些不同的板块。例如，正在与戏剧老师进行对接，天府七中小学部的廖老师非常擅长戏剧。老师们计划模块化，让他们在折叠板块中负责身体折叠，同时将在其他层面上持续升级和延展。这是老师初步设想的过程。

2. 课程完成过程

最初，指导老师并没有明确定义成折叠学校或其他形式，只是有一个美术馆项目课。在这个过程中，引入了一些有趣的关键词，激发大家的联想。在课程进行中，老师通过提供一些关键词，基于集体商讨，涉及智能、游戏和神奇空间等方面。同学们组成小组进行讨论，最终形成了与未来智能游戏校园相关的概念。

后来学生提出了一个叫作"折叠"的关键词。在制作教学楼的过程中，学生构思了

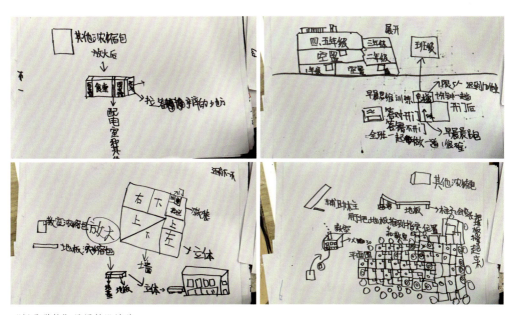

"折叠学校"最原始设计稿

一个可以不断拆解和重组的教学楼，包括地面、教室和各种建筑结构，形成了可变换的关系，被他们命名为"折叠教学楼"。这概念体现了智能设计，其中教室还有平面图。在最初的路演中，提出这个概念的小组进行了演示，并随后在课后得到了反馈。随着深入设计，学生们涉及了折叠教学楼、游戏教室、疯狂医务室和坚果助理等概念，类似于人工智能中的学习助理。

一开始，同学们将校园任务进行拆分，大家开始认领各种可以组合拆分的学习空间，如智能教学楼、体育运动场。同学们提出了一些有趣的空间概念，例如"马桶运动场"和"疯狂医务室"，涉及一站式医疗和艺术教室与休闲融合空间的导图设计。在智能游戏校园的设计中，小组分工涵盖了各个角落，他们进行了视频路演，并接受了投票。

这个设想来自一个二年级的孩子，他创造了一个名为"马桶运动场"的概念。这个想法源于他们在大课间跑步时的需求，因为跑步时没法急匆匆地跑到教学楼上厕所。他构想的操场形状酷似一个椭圆形的马桶盖，因此得名"马桶运动场"。这个运动场设计有一些特殊功能，包括中间区域设有可供洗澡的区域，分为男生和女生淋浴区。同时，运动场上还设有可以上厕所的地方。在这个活动中，许多同学都参与其中，还有上课的KK老师也被纳入设计。这个"马桶运动场"的设计不仅创意十足，还包含了一些前沿而独

"马桶运动场"设计稿

特的理念，展现了孩子们富有想象力的天马行空的思维。

还有一个叫作"疯狂医务室"的概念，它是由学生们自己构思的原创内容。在这个构想中，学校的字样没有被更改，而是呈现出一种风刮动的感觉，尤其是医务室的设计非常疯狂。这个医务室被想象成一个智能的机器工厂，能够解决各种学生问题，从孩子的角度看就像是一个智能化的场景。

"疯狂医务室"设计稿

3. 关于"折叠"概念的延伸与演绎

这件作品在展览的过程中备受关注，引起了很多讨论和"折叠"工作坊的延伸。孩子们的"折叠"是一种造型的方法和材料拼接的方式，但是"折叠"在胡俊老师和一些美育工作者看来还有更为深刻的含义，"折叠"概念来自法国后现代主义哲学家吉尔·德勒兹的"褶子"，指的是一种弯曲折叠的状态，学者认为世界由褶子组构，世上万物都是大小不同、性质状态不同、层级不同的褶子。互联网时代的今天，人和人的社交距离疏远，一直在寻找一种方式去打破现有的状况，重塑现在的关系。"折叠"是一个很好的概念，师生无限的创意被激发出来。"折叠"出"褶子"，让更多的可能性发生。折叠，是一张纸的对称、重叠与展开，是将抽象观念具化成形象的理论工具。折叠，也是创造褶子的过程，而后一元生两极，统一生对立，平面生立体，在"一生二，二生三，三生万物"中创造出更多的可能性。在胡俊老师的讲座中，我们将聚焦于当下美育的"折叠"，探讨如何从理论上将教育者与儿童"折叠"在一起，从而创造出"褶子"，达到教学中的"日日新，又日新"。[1]

---

1 胡俊，《折叠中的关系美学》讲座，A4 美术馆，2023iSTART 教育论坛。

在教学中"折叠"也是一种巧妙的方式，也可以成为重塑学生与老师、师生与校园等之间关系的途径。小朋友的想法非常丰富，老师和小朋友们一起制作折叠学校，在这个过程中，有的小朋友说觉得操场和厕所的距离太远了，于是就把两个地方通过折叠把距离缩短起来。教育不应仅仅是传统定义中教师的单向灌输，而应该让学生成为学习的主体，通过游戏化的方式激发他们的学习兴趣和创造力。折叠这种教育方式能够培养学生的自主学习能力和团队合作精神，让他们在学习过程中享受到成就感和乐趣。而在教学的过程中重视师生间交流的价值，以及学生创造性的观点，教师应该鼓励学生提出真实的想法。通过这种开放性的探讨培养学生的批判思维和创造力，利用折叠，思维可以被打开，被收缩。

游戏育人：在游戏中体悟人生

——Oliver's Twist 人生密室 [1]

文 / 张紫茵

2022 年第八届 iSTART 儿童艺术节以儿童视角为核心，旨在为孩子们及其支持者共同打造一座名为"不存在游戏博物馆"的临时空间。该艺术节认为人类天生喜欢游戏，无论是在物理还是精神层面，游戏都贯穿人类的生活。艺术和游戏之间存在本质的联系，而"不存在游戏博物馆"正是为了激发多元的创造性游戏。在游戏中，儿童可以与成人平等互动，展现出他们对于世界的思考和看法，以及创造游戏的潜力。

在传统的教育中，往往只重视知识的传输，却缺乏场域和机会让孩子去实践知识，让知识落地，以应对人生不同的选择。共创机构"游戏的人档案馆"的馆长刘梦霏老师认为："人生本就是一个游戏的过程，我们生来就是'游戏的人'。作为存在于世界上的 NPC，自主探究不同的事物，从而推动剧情的发展，在人生这个游戏中找到属于自己的游戏定位。"[2] 但在现实生活中，孩子们往往被直接告知"剧情发展"的结果，而没有"自主探索"的过程，以至于在未来真正需要自我抉择时只剩茫然无措。

iSTART 儿童艺术节"不存在游戏博物馆"的主题设置，正是对这样的"教育困境"作出不同的尝试与选择。在这一届游戏化主题的艺术节中，iSTART 与"自由戏剧"教育咨询有限公司合作推出了"Oliver's Twist 人生密室"项目。艺术家蔡洁、Frank Vollebregt、Hannah、新哲携手来自"自由戏剧"的赵珂尔、崔语菲、肖亚希等 19 位小艺术家，他们希望带领参观者重回英国维多利亚时期，去经历狄更斯笔下那个伟大又黑暗的时代。以《雾都孤儿》Oliver 的经历隐喻人生中的温暖、挫折、善恶抉择等命题，在一步步寻找线索、解锁机关、选择结局的过程中，探寻人生的意义。

"Oliver's Twist 人生密室"项目不仅仅是一个游戏，更是一个教育和体验的平台。它采用了当下较流行的"密室逃脱与情境戏剧相结合"的游戏形式，对狄更斯的《雾都孤儿》进行了游戏化情景创设。在密室逃脱的游戏模式中，玩家被置于一个主题鲜明的空间内，这个空间充满了各种谜题和挑战，每一个环节都与《雾都孤儿》的故事紧密相连。

1　A4 美术馆，第八届 iSTART 儿童艺术节展览作品之一。

2　刘梦霏 2023 年 12 月在 CC 讲坛第 57 期的演讲《从游戏的人　到游戏育人》。

玩家需要依靠自己的智慧、观察力以及团队合作，按照故事情节找线索、解谜题、完成任务、逐步揭开谜底，体验从束缚到解脱的过程。策展人希望通过这个游戏，有效地串联起《雾都孤儿》的剧情发展，从而在有限的空间里映射出一个复杂多变的时代背景以及 Oliver 的人生轨迹。游戏不只是简单地模拟了解密过程，更是通过一个个精心设计的谜题来模拟人生中的选择与困境。玩家在游戏的引导下，会经历 Oliver 从黑暗走向光明、在绝望中寻找希望的心路历程，旨在通过这种强烈的对比和身临其境的体验，唤起参与者对于自身人生道路的深刻反思。

"Oliver's Twist 人生密室"这个项目成立的初衷是希望能够填补当前教育体系中的某些空白，为孩子们提供一个自由探索、充分尝试和犯错的空间。自由戏剧的蔡洁老师提到："现在的孩子们接受了大量学校和社会的知识教育，但缺少将知识应用于生活和将想法变为现实的经验。通过这个项目，我希望为他们提供一个体验路径：从对事物的模糊理解出发，鼓励他们在学习中创造、尝试和犯错。即使最终可能只有 50% 的想法能够实现，但这个过程本身就是一种体验人生的过程，而这正是孩子们所需要的。"[1] 我们期待看到孩子们对人生的各种思考和看法，期待与他们开展深入而平等的对话，让孩子们的声音被听见，让他们的想法得到实现。

因此，项目从设计之初便立足于孩子们的视角。在"Oliver's Twist 人生密室"中，孩子们不仅是参与者，更是项目的主导者。他们亲自参与到项目的每一个环节：从策划、初步构想到最终搭建，从布展的每一个细节到扮演游戏中的非玩家角色（NPC）。在这个过程中，孩子们以合作的方式参与方案的讨论、选择和执行，共同完成挑战任务，并在实际操作中学习如何解决问题和完善细节。

自由戏剧的蔡洁老师分享了"Oliver's Twist 人生密室"的项目执行过程。她表示为了让孩子们充分实现自己的想法，在项目一开始就安排了具体课程带领孩子们共同阅读了《雾都孤儿》这本名著，由孩子们自主探讨出最具代表性的几个场景作为串联密室的空间场景。最终孩子们选择了 Oliver 度过悲惨童年的孤儿院、Oliver 受欺负的棺材铺、表面温暖其实本质黑暗的贼窝，以及让 Oliver 获得真正救赎的布朗洛老先生家这四个场景。之后，由艺术家带领孩子们共同探讨并设计空间之间的联系、路线、线索呈现以及小物件的设计。

在进行空间设计时，共创艺术家 Frank Vollebregt 向孩子们提出了空间设计的四

1　A4 美术馆 2022 年"Oliver's Twist 人生密室"纪录片，内部资料。

"Oliver's Twist 人生密室"交流现场（图源：A4 文献中心）　"Oliver's Twist 人生密室"过程资料（图源：A4 文献中心）

个要素，分别为：情感（何人在何地有怎样的感受？）、建造信息（尺寸、立面图、材料）、传递感受（贴图 / 效果图展示）、灵感（颜色、细节 / 配饰、手绘草图）。[1]

　　梳理了故事情节、了解了空间设计之后，孩子们开始了草图绘制、模型搭建、探讨细节等一系列实践尝试，这个过程中，他们不仅展现出对剧情和空间布局的独到理解，更体现出他们对"人生"这一命题的深入思考。

　　例如，孩子们提出，最终的密室路线应该打破常规，不完全按照原书的发展逻辑来设计。他们构思以棺材铺作为第一个房间，借由这个充满象征意义的起点，来展现人生的多样性和不确定性。

"Oliver's Twist 人生密室"棺材铺（图源：A4 文献中心）

1　A4 美术馆 2022 年"Oliver's Twist 人生密室"活动图片，内部资料。

在这个房间里，设有三个暗门，每个暗门代表着不同的人生道路和命运的抉择：

第一个暗门，甚至不能算作一道门，它只是一个窄窄的砖缝。透过砖缝能够看到绿光中有一张极小的床，暗示着在孤儿院的 Oliver，其生活没有丝毫的温暖，如果进入孤儿院，就只有死路一条。

第二个暗门通往贼窝，这是一个狭窄逼仄的空间，房间内有很多偷来的东西。暗示着虽然偷来的东西能获得短暂的快乐，但人生也就和这个狭窄的空间一样虚无了，结局只剩惨淡。

"Oliver's Twist 人生密室"孤儿院（图源：A4 文献中心）

"Oliver's Twist 人生密室"贼窝
（图源：A4 文献中心）

第三个暗门通往布朗洛老先生家，这个空间温馨、整洁，代表着 Oliver 在这里体验到家的温暖、人的善意以及生的希望，获得了美好的结局。

"Oliver's Twist
人生密室"布朗
洛老先生家

在观者从密室出来之后，小艺术家们会向观者提问：你想回到哪一个空间？这就留下了一个巧妙的悬念：在体验了 Oliver 跌宕起伏的人生之后，观众会如何选择之后的道路呢？这样的巧思不仅更加贴合原书中 Oliver 所经历的这一选择的过程，还赋予了这个密室更深刻的教育内涵并给予观者更多的思考——在现实生活中，你会如何选择自己的人生？

当我们试图探讨"人生"这一复杂命题时，常常发现，即使是经验丰富的成人，也难以用语言来阐述其深度与多样性。然而，在孩子们对"Oliver's Twist 人生密室"项目的游戏创造与实践中，我们却惊喜地看到了他们对于这一主题的深刻思考和独到见解。小艺术家 Bella 提到："这次用密室的形式在小空间里呈现出一个世界，让我们从一个上帝视角来看 Oliver 的成长过程，我最喜欢的一个点是这个项目可以让大家都知道 Oliver，知道他人生中做出的一些很重大的选择，并且可以思考自己要选择怎样的人生。"[1]

孩子们通过对密室逻辑的架构以及对密室空间的选择，传达了对人生选择、机遇、命运和人性的理解，这些理解虽然来源于他们的童真世界，却以一种直观且极具启发性的方式，触及到每一个观者的内心。

刘梦霏教授的观点为这一现象提供了解释："游戏本就是家长用来教给孩子一些说不明白的道理的一种方式。"[2] 揭示了游戏作为一种教育工具的潜在价值。在游戏中，孩子们不仅学习规则、策略和解决问题的技能，更重要的是，他们通过模拟和角色扮演，体验各种生活情境，从而无压力地探索复杂的人生议题。这种学习过程是自然而直接的，它允许孩子们在一个安全的环境中犯错、尝试和成长。

此外，刘梦霏教授还提到："游戏可以帮助每个人找到属于自己的'游戏的人'的角色，我们会选择不一样的游戏是因为我们天生就是不一样的人。"[3] 即游戏能帮助每个人找到适合自己的人生定位和角色。

第八届 iSTART 儿童艺术节"不存在游戏博物馆"为突出这一核心，观众在体验不同游戏时会收集到不同的卡牌，不同的卡牌会对应不同的角色身份，在展览最后会根据不同属性卡片的多少决定观众的角色身份，并盖章加冕。而"Oliver's Twist 人生密室"，作为"不存在游戏博物馆"的重要组成部分，也在其项目实施过程中，激励孩子们通过参与和创造去勇敢地探索自己的人生定位，进而找到真正属于自己的角色。

1　A4 美术馆 2022 年"Oliver's Twist 人生密室"纪录片，内部资料。

2　刘梦霏 2023 年 12 月 12 日在 CC 讲坛第 57 期的演讲《从游戏的人 到游戏育人》。

3　同上。

在"Oliver's Twist 人生密室"的实体搭建过程中，为了让孩子们能够在密室中呈现出维多利亚时期的社会风格特点，需要引领孩子们对维多利亚时期进行深度调研。秉持着"让孩子们探索自己的角色"的理念，蔡洁老师在带领孩子们通过观看教育片、纪录片，以及结合讲述的方式了解这一时代的大背景之后，由孩子们自行选择自己感兴趣的领域，例如服饰、建筑或是室内摆件，分工合作并进行深入挖掘，最后集中讨论如何将这些东西有效结合，并且艺术化地呈现。在整个过程中，每个孩子都找到了自己喜欢并擅长的方面，尽情发挥自己的创意和想象，一步步将想法变成了现实。

为了让最终的空间呈现贴合时代背景并具有真实感，孩子们尽力在整个装置中的每个细节上还原古老的维多利亚时代的风格，包括墙的纹路、建筑结构、形状、颜色、光线、气味。例如，为了展现屋顶的质感，Frank 带领孩子们将旧报纸在水里泡了几个星期，然后将泡烂的报纸糊在屋顶上，以保证屋顶的纹理和效果。

"Oliver's Twist 人生密室"搭建现场 1

为了使孤儿院这一空间更加贴合 Oliver 的经历，孩子们还调研探索了维多利亚时期的燕麦汤的味道，并将其加入了空间之中。在整个过程中，艺术家 Frank 鼓励孩子们大胆尝试、自由探索，他认为："儿童需要非常恰当的教育，特别是在创造领域，在传统教育中孩子们没有一个可以释放和展示自己的空间，因此往往最有创意的孩子却被认为是教室里面专注力最差的孩子，那是因为他们完全被迫去做一些他们完全不感兴趣的科目，所以要适当给予孩子空间，让他们探索自己、感受自由，在这种情况下孩子们才能做自己，创意才会自然发生。"[1]

为了打造一个让观者完全沉浸的环境，孩子们不仅参与了场景的布置，还

---

1 A4 美术馆 2022 年"Oliver's Twist 人生密室"纪录片，内部资料。

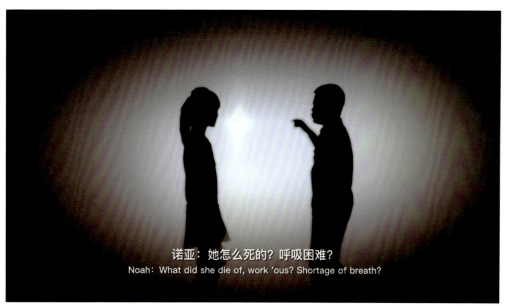

"Oliver's Twist 人生密室"影子戏

积极地投入到了影像元素的制作当中。他们提前录制了自己的台词念白，这些录音随后作为环境音效的一部分，在适当的时刻播放，增强了现场的氛围。同时，他们还制作了影子戏作为入口处的总览，简要概述整个故事，其充沛的演绎为观众带来了视觉上的惊喜与情感上的共鸣。并且，在展览当天，这些孩子们化身为非玩家角色（NPC），穿上了精心设计的服装，成为了故事中的人物。他们不仅带领观众参观展览，还与观众进行互动，使得每个参与者都能成为故事的一部分，让体验更加沉浸，感触更加深刻。

整个过程依旧秉持着"让孩子们探索自己的角色"的理念，鼓励他们自主地进行戏剧编导、角色演绎，并且自己组织排练。自由戏剧的蔡洁老师强调要让孩子学会"试错"并解决，她指出："现在的教育和社会中并不鼓励孩子犯错，戏剧的排练过程可以让孩子反复发现问题并自己探寻解决方案，这也是这个项目的初衷和意义所在。"[1]

提到本次项目的收获，小艺术家王开心提道："我学习到了关于维多利亚建筑的很多知识，并且参与了密室的设计、构图、搭建、美化的全过程。在最终的美化环节我一个人拿着一根树枝往砖缝里填水泥，我刷了一整面墙呢！"[2]

1　A4 美术馆 2022 年"Oliver's Twist 人生密室"纪录片，内部资料。

2　A4 美术馆 2022 年"Oliver's Twist 人生密室"纪录片，内部资料。

"Oliver's Twist 人生密室"影子戏（图源：A4 文献中心）

　　我们很开心地看到，在这次的创意项目中，孩子们不仅参与了搭建密室和排练戏剧，而且通过这些互动和实践的过程，他们各自发现了自己的兴趣所在以及擅长的技能。无论是对建筑的兴趣，还是对表演艺术的热情，每个孩子都在这个过程中找到了自己的闪光点，找到了属于自己的"游戏的人"。

　　最终，这些努力汇聚成了一次穿越时间维度、沉浸式感受维多利亚时代以及 Oliver 人生的"Oliver's Twist 人生密室"。这个以孩子们为主导的项目不仅向他们提供了一个释放想象力和创造力的平台，而且让我们这些大人重新审视我们对孩子的期望和教育的方法。我们开始意识到，真正的教育不应该只是灌输知识，而应该培养孩子成为能够独立思考、勇敢选择，并为自己选择负责的人。

　　人生，是一个宏大而复杂的命题，它包含着对世界的深度认知、对自我位置的精准定位、对挫折的积极态度、对人际交往的巧妙处理以及对不同选择的深思熟虑。若将人生比喻成一场旅程，那么在这条不断延展的路途上，每个人都背负着对未知的探索欲望和对内心深处呼声的追寻，他们在经历各式各样的人和事后，或吸取其中的经验，或领悟其中的教训，一步步地前行，一点点地增加对这个世界的了解，对自我本质的认知。

　　然而，当前教育体系似乎忽视了给孩子们"探索人生"这一重要环节的机会。在现行的教育模式中，更多的是给予孩子们一系列既定的课程内容和标准答案，这种教育方式无疑将孩子们的思维局限在了一个狭窄的框架之内。在这样的教育环境下，孩子们被剥夺了尝试新事物、经历失败并从中汲取教训的可能性，同样缺失的还有追随自己好奇心去冒险的权利。长此以往，孩子们的选择能力、问题解决能力会不断衰退。但我们必须认识到，人生的旅途终归是属于他们自己的，面对今天教育体系的僵化，我们应当如何重燃孩子们心中对世界的那份好奇？如何激发起他们自主解决问题的能力以及勇于尝试的精神？如何引导他们对于人生这一宏大命题进行深入的思考？

幸运的是，在这个以"Oliver's Twist 人生密室"为终点的旅程中，我们找到了答案。我们看到的不只是一场富有创意和教育意义的展览，更是对当代教育模式的一次深刻反思和挑战。通过亲身体验 Oliver 的故事，孩子们开始理解到人生的每一步都充满选择与挑战，应该找到属于自己的人生角色，选择自己的人生。而这个项目提供了一个平台，让孩子们自由探索、尝试和犯错，同时也鼓励他们去思考、去感受、去学习。

"Oliver's Twist 人生密室"不仅是一次游戏、艺术与教育的结合，更是一次关于人生选择和人生角色的探索。它提醒我们所有人，在生命的长河中，每个选择都塑造着我们的人生轨迹，而敢于选择，敢于犯错，敢于承担结果，是成长的必经之路。

随着项目的圆满结束，孩子们用自己的方式向世界证明：即使在充满限制和标准化答案的教育体系中，他们依然可以发出自己的声音，找到自己的角色，做出自己的选择，勇敢地追求自己的人生道路。

因为，每个人都有自己的人生，只有自己才能决定怎样去走。

Chapter 3

O' Kids 儿童艺术节的地理感知与艺术行动

教育者、创意者、艺术行动者

——O'Kids 儿童艺术节里的教育实践

文 / 倪昆

"如果我们能为儿童建造一个成功的城市，那么我们就能够给所有人打造一个成功的城市。"

——Enrique Peñalosa（哥伦比亚波哥大前市长，城市和交通政策专家，儿童友好型城市的重要推动者）

"儿童友好城市（Child Friendly City）"是一项为期三年的研究型策展项目（2020-2022 年），项目由策展人倪昆与原·美术馆共同发起，并成为原·美术馆 O'Kids 国际儿童艺术节的重要讨论内容。

重庆原·美术馆的 O'Kids 儿童艺术节创办于 2018 年，其时亦是中国的美术馆行业开始大力推动儿童公共艺术项目的阶段，儿童与美术馆在公共教育领域中的共生关系被广泛重视，一大批由美术馆发起的儿童艺术节开始出现。而如何站在城市公共职能空间的角度来审视和推进美术馆的工作，挖掘艺术节的内在潜力及价值，就"儿童 & 艺术"这个议题展开深入而建设性的探索，一直是一项挑战。

在经历了初期的尝试之后，原·美术馆提出将"教育 / 表达 / 创造 / 共建 / 行动"作为 O'Kids 儿童艺术节的项目核心，通过展览、表演、论坛讲座、公教活动等，激发儿童多元的感知力，提升儿童艺术学习与实践的能力，并于 2019 年起，邀请策展人倪昆任该项目总策展人，在随后的 5 年合作中（2019-2023 年），双方共同以 O'Kids 儿童艺术节为发声载体，以"儿童 / 教育 / 艺术 / 城市"为关键词，持续就"如何在美术馆发起有着公共教育属性的儿童艺术节"这样一个基础命题展开工作。

基于理念上的共识，2019 年的首轮合作之后，2020 年起，策展团队抛出以三年为工作周期的长期性研究型策展计划，力图以此打破单次属性的美术馆儿童艺术节在主题延续及持续建设方面的欠缺：一方面，儿童及教育作为整个社会的痛点一直广受关注，另一方面，普遍存在的由美术馆所发起的儿童艺术展的审美高度同质化现象，也促使我们去反思何为当下的儿童艺术及教育，或者说，何为符合当下社会发展趋势的儿童艺术及教育，以及这些新的变化及其背后的生成逻辑该如何认识梳理？另外，新类型公共艺术在特定社区社群的实践在事实上正不断拓宽当代艺术的边界，其中，教育作为一种工作手段正被广泛使用，这类新型的艺术实践模糊了艺术与非艺术的界限（例如被艺术圈所熟知的关系美学），而如何在此维度去重新探讨及定义作为"工具"的教育或者说以教育项目面貌出现的"去审美化"的艺术行为，已变成一个全新的知识课题，某种意义上说，儿童艺术节恰好能够提供这样一个跨学科跨行业的对话场所，在呈现展示儿童艺术的同时，一方面锁定儿童的创新类教育以及艺术家针对"儿童／教育"所做的艺术表达／回应，强调和抛出"何为儿童阶段的艺术教育"之命题，另一方面则立足于"教育"而非"艺术教育"作为整体项目的讨论出发点，去拓展反思更大社会现场里的创新行动以及各类有着强教育属性的艺术及社会实践，逐步完善系列策展的论述结构和理论基础，就是此大背景之下的追问思考。

作为三年期策展课题的"儿童友好城市"，它以 1996 年联合国儿童基金会和联合国人居署联合发起的"儿童友好型城市倡议"为基础对话蓝本，以"艺术／创新教育／社会行动"为组织轴线，广泛邀请来自不同领域的相关实践者，围绕着"儿童／教育／艺术／城市"等关键词，聚焦提问，集中展示，并在持续的三年工作中，逐步完成概念话题的引入—美术馆与儿童友好城市的关系定义—公共行动的呼吁等系列课题的讨论，举办包括国际当代艺术展、创新教育文献展、小型论坛、儿童工作坊等在内的系列活动，并结合项目分主题进行持续性的内容梳理。

"儿童友好型城市"是一项宏大的基于"儿童友好"营建而发起的关于未来城市发展的指导性城市建设纲领，内容涵盖且不限于"儿童基础权利／教育平权／学校及公共场所／体育与儿童权利／无阻碍城市／智慧城市／在线儿童与数字环境／数字鸿沟及教育行动／生态与环境／儿童、气候变化和污染"等一系列的系统性发展议题，概括来看，它包含三层关系，儿童（行动主体）　城市（居住主体）友好（行为主体），分别指向"行动和行动者""空间和空间营造""行为和关系建构"，所有的基础讨论都离不开以儿童的健康成长为目标导向，更离不开清理和打造符合"友好发展"的各种城市共建细节，从某种意义上说，这亦是一轮以"儿童／城市／未来"为讨论主题的美术馆展览项目，这种认识让我们有充分的理由去邀约常规儿童艺术之外的各类社会单位，例如公益基金会，建筑事务所，设计工作室，创新教育工作者，以及在学校实施的各种带有探索性的跨学科教育项目，乃至社区工作者以及环保野保组织等，我们希望以此为支点在美术馆去建构呈现一种社会实践层面的广度及面貌，一种已然在事实里发生的社会行动，从某种意义上说，这并非一个早至（前瞻性）的话题，而是一个艺术（创新行动）

在不断地突破自我桎梏之下的回应及归纳回归。

作为三年项目的起点，2020 年我们在"儿童友好城市"的语境下提出关键词"PLAY"，"PLAY"在此强调了两层含义，其一，"游戏 & 教育"——它不仅指向普遍存在的日常游戏或电子化虚拟游戏，亦强调所有和儿童自然权利有关的维度，比如说儿童的"游戏"和教育及平等权，"游戏"和健康，"游戏"和数字文化，"游戏"和自由想象，"游戏"和我们的可持续发展等；其二，"PLAY"所关联的"应付 & 处理"——城市及社会的不同构成单位，在"儿童友好城市"的框架下，积极地介入和推动一切"儿童友好"的事情。这也蕴含着我们对三年计划的倡导及愿景"Play For All"。

2021 年的主题我们设定为"艺术行动者"，它是一轮反向的提问，指出，在"儿童友好城市"这样一个以城市管理者、城市规划者、社会公共机构、社会企业、民间组织，以及相关个人组成的城市共构运动中，艺术在此间所充当的社会角色和可能性。"艺术行动者"的提出和强调，其实是希望明示和展示艺术在当前社会语境下的身份转向和功能拓展，它惯有的发现者（提问者）和创新者（行动者）姿态，以及伴随新的历史时期的到来，艺术作为社会的"另类联结"方式所激发出的革新性（创造性）社会行动等，艺术在此已不仅仅是"艺术"，艺术在此已经有了更为开阔的社会面貌和探讨余地。

因此，"儿童友好城市"里的艺术行动者，将突出和强调"艺术"在真实社会互动进程中的创造性实践以及它在"儿童 / 教育"场域里的潜在价值（或者说是特殊价值），"艺术行动者"的工作会直指创造性的行动，内容将触及"历史语境里的城市发展思潮"与艺术互动、艺术自当代教育开启以来的艺术教育之思想演进、当下的艺术实践的跨媒体化趋势、极速时代下数字化未来的教育应对和创造力素质的强调等，并由此抛出以下三个工作议题：

①艺术作为表达，以发现者的目光去揭示和探究"儿童 / 社会"的各种面向；

②艺术作为方法，以创造性的行动来拓展艺术在"儿童 / 教育"领域的实践；

③艺术作为纽带，以艺术为媒介来黏结不同社会场域，激发新的城市想象。

从某种意义上说，对于"艺术行动者"的强调亦是关于"创新和创造力"的强调，艺术不仅仅指向审美，也可以成为创造力自身。所以，有着更开阔外延的创意者在此维度下被主动引入，虽然这种描述自带数字媒体时代的印记，艺术与行动者的叠加，就是创意者的联结，这就是我们在回答美术馆和"儿童友好城市"之间关系的此类问题的答案：成为艺术行动者，推动创意者联结。

2022 年的主题我们设定为"一场事先张扬的运动"，它直接与 2021 年 9 月底来自国家层面的《关于推进儿童友好城市建设的指导意见》构成对话，当"儿童友好城市"成为一个社会公共话题的同时，再次强调美术馆的联结作用，同时指出替代教育和主流教育的界限，强调美术馆作为一个积极的替代教育现场的可能性，并抛出"美术馆作为一所临时学校"的讨论。

不论怎么看，以儿童艺术节的名义发起和推动的"儿童友好城市"的讨论，至少在相当一段时间里，会给我们带来一种正向的、概念化的、有着美好愿景的和儿童相关的期盼想象。语义里的"儿童友好"是情感语汇，作为艺术节基础文献的联合国"儿童友好型城市倡议"则有严谨而系统化的未来城市建设思想（指导手册）。当"儿童友好"逐步被公众所看到，基础文献的解读和传播将变得愈发重要，而在城市公共文化机构——美术馆里的"儿童友好城市"的持续宣讲和展示，会是一场我们认定的、主动而恰当的公共举措，更是一场必要的，也是事先张扬的公共文化事件。

不论从哪方面看，宏大的"儿童友好城市"的打造都离不开一套技术性极强的思想和方法，它涉及社会正义，比如说儿童的基础权利，更离不开全球化的现实及地方语境，以及对科学及未来社会的前瞻性想象。作为美术馆的长期策展项目，三年来围绕"儿童友好城市"而展开的工作，从中我们可获取什么，以及我们尝试讨论什么，是一个不断自问的基本命题。相对于技术细节的吸收，我们并未过多关注它的专业知识、它拥有什么以及它作为一个公共观念（或技术手段）如何在社会中展示、流转，或者说它的当代化和未来化。我们的兴趣始终聚焦于它自身是否有可能为人们打开一扇门、一扇窗，让人们以不同的方式参与想象——来自壁垒之外的灵光。这种可能性的激发行动，是潜力所指的场所。"儿童友好城市"持续的发声正在激发人们对这种潜力的反应，一大批可见的不同领域的行动者的创造性工作，也在事实上回应着"儿童友好"这个理念在社会层面的合理性和必要性，这种不断叠加的信心，给予我们持续的工作力量。

所有上升的一切必将汇合。1996 年联合国推出"儿童友好城市"概念的时候，恰巧也是艺术领域有关"教育转向"和"关系美学"被正式提出的时刻，艺术在公共社会以及公共事务领域的关系探讨，替代教育和临时学校等项目依托博物馆美术馆系统的大量实施，艺术作为方法，或者说创新作为介入社会的方法被积极地讨论着，不断拓展着实践的界面，并引发当代社会的动态回应。作为不断被引用的教育学思想，《被压迫者教育学》的作者保罗·弗莱雷（Paulo Freire）有一个著名的论点："阅读行为总是涉及对文学和世界的共同阅读"。在他看来，知识生产和社会行动从来就是一体化的，应该被整体对待。

　　无论从哪种角度来审视，关于儿童友好城市的探究都是值得我们用更多时间来深入工作的内容。伊万·伊里奇（Ivan Illich）曾用批判教育学中隐性课程（Hidden Curriculum）的概念来分析解构那些隐藏在既定教学之下的对教育产生直接影响的关系结构，若我们把美术馆里发生的儿童友好城市项目视为一个由美术馆、策展人、艺术家、教育者、建筑师、社会组织和个人所联合发起的临时学校（替代教育案例）。那么，当这场讨论逐步从基础概念的宣讲，延展至相关创造者的创新案例呈现，再深入到具体的社会实践团队的工作内容展示，有关这个项目的新的工作必定会触及对知识生产和社会行动的整体观察。隐性课程会是一个新的探研支点。当然，依旧会强调关于"潜力"团队的创新创造的展示集结，以及更多可编织和孵化的激发及想象。

探访"大屋顶"

——"儿童友好城市"与木构建筑新生的碰撞

文 / 龚睿博

"瞧，这是一个大屋顶"是"無名营造社"为原·美术馆主办的 2022 年 O'Kids 国际儿童艺术节创作的参展作品。原·美术馆早在 2020 年就抛出了"儿童友好城市"这一深刻议题，并确立其作为 O'Kids 三年期（2020—2022 年）的研究方向。近年来，"儿童友好城市"的议题在中国引起广泛关注。人们逐渐意识到，传统的城市规划和建设往往忽视了儿童的需求，导致城市环境在无形中对儿童的成长与发展造成了不良影响。而"儿童友好城市"的概念，旨在倡导一系列全新的城市规划理念、社会环境和公共服务措施，致力于构建一个更加适宜儿童生活、成长和发展的城市环境。

"瞧，这是一个大屋顶"的创作团队"無名营造社"多年来扎根贵州黔东南乡村，由一群关心乡土和地域建筑实践的青年建筑师所构成。秉承"挖掘在地民俗建筑营造智慧，传承并实践新乡土建筑营造可能性"的工作理念，为探索适应在地的新建筑空间形态而实践。2022 年 4 月下旬"無名营造社"受原·美术馆策展人倪昆老师的邀请，以在地建筑师的身份参与到儿童友好城市的展览中来。"儿童友好城市"与黔东南侗族传统木构建筑的现代转化两个命题由此发生交汇。

"無名"团队凭借其独特的建筑视角，在儿童游戏领域展现出了非凡的创意与匠心。他们巧妙地将建筑艺术融入儿童游戏中，为儿童友好城市的建设贡献了一份独特的灵感。这一作品向社会传递了这样一个信息：丰富、创新儿童游戏设施，以更加人性化、创新化的方式满足儿童游戏的需求，是儿童友好城市建设中大有可为的环节。

1. 儿童游戏的启迪

其实，这一作品的灵感正是在对儿童游戏的观察中迸发的。"無名"团队来到乡村中用双眼去感受当地的儿童是如何游戏的。在黔东南苗族侗族自治州从江县西北方向的大歹村，村口有一棵大树，树上系着二三十米高的绳子秋千。秋千荡出去时，人离脚下的坡地也接近十几米高。那是村子里的大人爬上几十米高的树上系绳子为孩子们创造的游戏空间。在黔东南地扪村的登岑，当地人把棺木放在禾仓底下，但是周末孩子们不上学的时候就会在那边捉迷藏，他们就躲在棺材里把头露出来，场面十分震撼。对于乡村的孩子们而言，整个村子的一切都是他们的"游乐设施"，绝大部分的游乐空间和设施

"大屋顶"装置示意图，原·美术馆，2022 年

也都是他们自己开发的。因此，"無名"团队也想要创造一个完全属于孩子们的空间。

　　在黔东南，穿斗式民居是极具当地特色的木构建筑。这种建筑能够被使用的一般都是屋顶之下的一层或者两层的空间。建筑顶部与坡屋面围合的三角形空间，在黔东南地区侗族或苗族的房子中并不常用，大人会觉得这是一个用不了的空间。但是成人觉得用不了的空间，并不代表不能用。"無名"团队产生了一个大胆的想法——把黔东南穿斗式的木房子搬到美术馆里去。于是他们将民居的屋顶"切"下来放在地面上，变成只有儿童可以进入的空间。大人进不去，而只能在外面通过穿斗结构之间的空隙去观察构筑物内部的情况。

这样一个屋顶可以满足孩子们"上房揭瓦"的愿望。"無名营造社"主理人陈国栋老师说："回顾童年，小时候我们看哆啦 A 梦时也希望像他那样坐在屋顶上看夕阳。让小朋友们可以体验在屋顶上的感觉，可能是这个设计最早的一个出发点。特别巧合的是，屋顶运到美术馆后，摆在那刚好可以看到长江，而且是日落的方向。"在这个独特的空间里，儿童的主体性与儿童游戏的权利得以充分发挥和实现。他们能够在其中感受到被重视和被理解的温暖，尽情释放天性、玩耍嬉戏、探索未知。

作品并没有将儿童与大人完全隔离，反而让他们在同一空间内共享游戏的乐趣。大人们也在这个过程中实现了角色的转变：他们不再是高高在上的传统的权威教育者或指导者，而是成为了儿童们的观察者和支持者。他们静静地守在一旁，通过细致入微的观察，深入了解儿童们的游戏需求、兴趣爱好、思维方式和生活方式。正如余光中先生所言："人的一生有一个半童年。一个童年在自己小时候，而半个童年在自己孩子的小时候。"大人们能够从儿童们的游戏中汲取到无尽的乐趣与启发，从而实现亲子间共同成长的美好愿景。更重要的是，大人们通过对儿童们自然呈现的玩耍状态的观看，得以重温自己的童年，意识到每个大人曾经都是孩子，也都曾渴望大人们的尊重、理解和支持。由此，大人们的心态和教育方式潜移默化地发生改变。这有助于形成平等而尊重的亲子关系，既能促进儿童们的健康成长，也让大人们的人生更加丰富和完整。

"大屋顶"展览现场，原·美术馆，2022 年

杜威认为，教育应当与个人经验紧密相连，只有当儿童意识到所学知识与自身产生关系时，这些知识才会真正成为他们的经验，进而转化为他们认知世界、解决问题的能力。

然而，一方面，过去多年来由于学业负担和传统教育理念，儿童的视野往往局限在课本、学业、校园和家庭，缺少与更广泛的社会生活真切接触的经验，使得儿童难以真正理解和感受社会的真实面貌。但随着社会的不断进步和教育领域的创新探索，儿童教育正逐渐加强与实际生活和社会环境的联系。另一方面，传统的儿童游乐设施大都局限于简单的游戏功能。策展人倪昆老师便认为，在城市中游戏的模式已经被固定化，并且游玩的设施也已经标准化，其脉络也已经与地方断联。而"大屋顶"儿童游乐设施为儿童提供了一个与真实世界互动的平台，有助于改变这种现状。

侗族传统木构建筑承载着丰富的历史信息和文化内涵。通过仿照传统木构建筑的形式设计游戏设施，儿童可以在其中接触到传统文化的元素，了解建筑的基本结构和特点。这种设计不仅让儿童在玩耍中感受到传统文化的魅力，更能够激发他们对社会文化的兴趣和好奇心。在这个全球化的时代，儿童需要更早地接触和了解不同文化、不同地域的特色和差异。而"大屋顶"作为一个融合了传统文化元素的游乐设施，为儿童打开了一个认识世界的窗口。通过游戏和互动，儿童可以了解到其他地区的建筑风格、文化习俗等方面的知识，从而拓宽他们的视野和认知范围。这种设计不仅有助于培养儿童的跨文化交流能力，更能够激发他们的创造力和想象力，为未来的成长和发展奠定坚实的基础。

"大屋顶"展览现场，原·美术馆，2022 年

"大屋顶"的设计还体现了对儿童全面发展的关注。在现代教育中，人们越来越注重儿童的综合素质培养，包括认知能力、情感发展、身体协调等多个方面。在游戏中，儿童需要运用各种感官和认知能力来探索和理解环境。在这个"大屋顶"的空间里，儿童可以自由地攀爬、穿越、探索、休息，与屋子结构互动。他们会不自觉地观察、思考

和尝试。这种互动，不仅是对建筑结构的认知，更是对儿童空间感知、身体协调、想象力等多方面能力的锻炼。

此外，这种设计彰显了儿童在游戏中的主体地位，为他们提供了一个可以自由发挥、与环境对话的空间。在这个空间里，儿童不再是被动地接受知识或者按照游戏设施自身规定的程式去玩耍，而是主动地参与到与屋子结构的对话中，通过亲身实践来感知和理解世界。儿童可以根据自己的兴趣和需求，自由地选择游戏方式和内容，与"大屋顶"进行多种形式的互动。这种自主性的学习方式不仅有助于激发儿童的学习兴趣和动力，更有助于培养他们的创新精神和独立思考能力。

同时，这一设计体现了对儿童个体差异的尊重。每个儿童都有自己独特的性格、兴趣和能力，通过提供一个开放、多元的游戏空间，每个儿童都能根据自己的节奏和方式去探索和学习，从而实现个性化的发展。"大屋顶"儿童游乐设施的设计也体现了对儿童社会性的培养。在这个空间里，儿童往往会与同龄人共同游戏、分享经验，这种互动与合作的过程，有助于培养他们的社交能力、团队协作精神和责任感。通过与社会的联系，儿童能够更好地理解自己与他人、自己与世界的关系，为未来的成长奠定坚实的基础。

2. 传统木构技艺的现代转化

在时代更迭的境遇里，返乡年轻人及外来人所带来全新的生活方式，正在给在地的工匠师傅带来难以消化的难题。黔东南的乡村在这二十几年的时间里大量盖砖房，主要是因为现代社会并没有给这个趋于老龄化的工匠群体足够的时间去消化全新的生活状态。城市中的小孩甚至是大人对于在地穿斗式木构建筑的了解也是少之又少。因此，将"屋顶"搬到美术馆中让小朋友们去玩耍，让他们在游戏的过程中去感受穿斗式结构带来的乐趣，可以达到非常良好的宣传和学习效益。

对于"無名"团队这些年的在地工作，策展人倪昆老师指出，穿斗式木结构在城市建设中逐渐消失，但"無名"却一直在创造木构的新空间，探索木构其他的可能性，努力让这一传统技艺焕发新生。他们将"屋顶"搬进美术馆，让小朋友们在游戏中感受穿斗式结构的魅力，这是一种寓教于乐的方式，也是对传统木构技艺传承的积极探索。"無名"与工匠师傅们紧密合作，共同推动在地建筑的发展当代化，坚守并探索木构建筑的新可能。这种合作不仅为工匠师傅们带来了新的机遇，也让黔东南的传统木构建筑逐渐走上现代化转型之路。工匠师傅们运用自己的技艺，创造出具有新视野的建筑作品，吸引城市对黔东南木构建筑的关注。这种关注不仅有助于传统木构建筑的传承和发展，也为现代城市建设带来了新的建筑理念和灵感。

"大屋顶"搭建过程，原·美术馆，2022 年

　　倪昆老师还提到："当下中国的很多建筑，比如我们的商品房，就是一种典型的遏制人性的住宅。我觉得好的住宅，就跟乡村的这些住宅一样，它应该是非常自由的。所以说我们在做设计的时候应该尽量避免做出非常固化的物理空间，我们希望它的空间是更多样性、更多元化的，更具包容性的建筑可以让在里头的人们有更多的行为发生。我在美术馆里头确实有看到小朋友各种爬，各种滚，我就觉得很欣慰了。我觉得人的身体和行为会在这样一个特殊的空间里全部被激活出来。"由点及面，由黔东南侗族传统木构建筑扩大到更广泛的中华优秀传统建筑文化。城乡艺术工作者和当地工匠师傅合作，共同发掘并推动其现代转化。这种合作不仅能够打破城乡之间的隔阂，还能够促进文化多样性和创新发展。

　　倪昆老师表示，关于城市的想象有很多种角度，而"無名"一直在做的便是离开对城市的固定想象，在城市和乡村之间建立连接。作为策展人，在架构项目之时也希望不同领域的工作者能够参与其中。建筑与建造不仅仅是一种方法，它是一种全新的生活方式和行为方式的打造。"無名"与策展方同为"搅局者"，一方是将延留千年的在地建筑进行架构式的打破，另一方则是通过每一次展览为社会各界带来新角度的探索。突破千篇一律——也许每次只能突破一点点，但是这看似微不足道的一点点，也许就是新视野将萌发的先声。

　　倪昆老师强调，美术馆参与儿童友好城市、儿童教育、城乡发展等议题的探讨，并非意在独自解决这些复杂问题，其他行业亦是如此。系统性、结构性的问题，往往需要各个行业乃至政府层面的协作来解决。因此，美术馆的角色更多的是作为一个平台，展示这些问题，从而促进艺术行动者之间的团队协作与实践联盟的形成，推动各方工作的经验共享和共同进步。通过展览、聚会等公共活动，美术馆成功地将不同背景的人们聚集在一起，共同为儿童友好城市的建设和儿童教育的发展献计献策。

陈国栋老师特别感谢倪昆老师的邀请，使得他们这个扎根黔东南、专注于建筑设计的团队能够参与到儿童友好城市的议题讨论中。他们通过"瞧，这是一个大屋顶"这个看似简单的起点，打开了通向新领域的大门，为儿童友好城市建设贡献了自己的智慧。陈国栋老师还提到，"無名"团队已经在深圳、广州等城市完成了一系列与儿童议题相关的作品，并且还有更多的项目正在稳步推进中。这些实践成果充分展示了建筑行业在儿童友好城市建设中的积极作用和巨大潜力。不仅如此，"無名"团队还为我们提供了新的启示：将传统建筑的现代化与儿童友好城市议题相结合，无疑是一个极具创新性和可行性的思路。中华优秀的传统文化本身就是无数艺术工作者的灵感源泉，只要我们充分发掘和利用这些资源，必定能为儿童友好城市的建设带来意想不到的收获。

美术馆与建筑行业的跨界合作，为我们提供了一个新视角，重新看待儿童教育和城市发展问题，也让我们期待，美术馆可能创造更多的跨领域合作计划，共同为儿童创造一个更加美好的成长环境。

设计团队、建造团队、策展团队合照，原·美术馆，2022 年

与乡村儿童共同绽放一场花火

——花火计划

文 / 卢蕴烨

花火计划是由一本造工作室的建筑师团队发起的非营利的留守儿童建造与艺术教育课程设计项目。基于开源的课程设计理念，花火计划以空间装置建造为切入点，针对留守儿童的心理和教育现状，逐步开发并完善了一个全新的夏令营艺术教育体系，并设计了多项适合 8 ~ 14 岁儿童的艺术启蒙教育课程。课程以"建造一项装置艺术作品"为主线，鼓励孩子们以真实的身体参与和游戏的方式进行艺术创作。通过为孩子们营造自由的表达环境，使他们在创作过程中充分放飞想象力、激发创造力，从而发掘自己的潜能，并藉此熟悉建造者与创作者的工作，拥有更具象丰富的职业梦想。花火计划希望能够通过这些多维度的艺术项目和互动体验，让孩子在创造的乐趣中与自我、他人、世界建立起新的关系，从当下泛滥的虚拟网络游戏世界中走出，回到真实的世界，感受日常生活之美。

如今，花火计划已经在湖北大别山区、四川大凉山深处等多地创造出"唤醒""嗨梯""白日梦蓝""盛放"等多个装置艺术作品。这些闪耀着孩子们多彩的想象力和自由的创造力的作品，依然在乡村的土壤中不断生长。

2021 年的夏天，花火计划来到四川凉山彝族自治州西昌市普格县特尔果中心校，带领当地的留守儿童们创作了属于他们自己的第一个空间装置作品——"盛放"。十二辆 ofo 共享自行车首尾相连，中间的顶棚完成庇护的功能，组成了大凉山这个自然游乐场专属的旋转木马，大家亲切地称它为 ofofofo，循环的 o 和 f 两个字母，回应了装置的形态。词与物之间紧密咬合的形式与节律所传达的情感，仿佛是格特鲁德·斯坦因 (Gertrude Stein) 诗中的金句"玫瑰就是玫瑰就是玫瑰就是玫瑰 (Rose is a rose is a rose is a rose)。这是一个独特又梦幻的装置，它看起来似乎有点危险——学自行车的过程对很多孩子来说都异常艰难，但又十分安全—— 十二辆相互咬合的自行车，形成了一个既可以旋转又不会倾倒的稳定结构。但若是有人"摸鱼"，它也很难顺畅快速地旋转起来。孩子们在安全的结构下，探索感官和运动神经，锻炼身体的平衡与协调系统，也尝试着协同与冒险。在城市中"消失"的小黄车，成为了孩子们手中的"大玩具"。日常的用品在被"陌生化"之后，拥有了新的形式，讲述了物的寓言。

2019 年的"白日梦蓝（BLUE DAYDREAM）"，则是一本造建筑工作室联合独立音乐人铁阳，在公益组织"种太阳"的夏令营项目中，带领湖北大别山区的留守儿童们与来自全国各地的大学生志愿者们，共同设计并亲手搭建的一座"会唱歌的房子"，为孩子们带来一个"乐队的夏天"。"白日梦蓝"由十组构筑物构成，分为三个声部，每个声部 3～5 个音阶。主要发声部位为三种不同直径的 PVC 排水管，并由顶部的蓝色给水管进行音高的调节。PVC 给排水管在乡村极其常见——乡村里的民宅大多外露排水系统以节省造价方便检修，因此很多孩子对它们并不陌生。它们拥有极为丰富的转接配件系统，这帮助孩子们很容易地理解了原理并快速装配完成，甚至摸索更多的组合方式。使用 PVC 给排水管设计发声器的灵感来自巴布亚新几内亚原住民的竹制打击乐器——他们使用不同直径的竹子，打通内径并捆扎到一起，击打发出声音形成极为丰富的旋律与节奏。以 110mm 直径的排水管为基础将"白日梦蓝"的底座设计为统一尺寸的基础——"凳子"，成为"白日梦蓝"的基本构架。与此同时，110mm 直径的排水管也是孩子们的"画卷"——根据听到的音乐，孩子们尝试在管壁上进行创作，再把它们组装进入"白日梦蓝"。排水管底座顶部填充了常见的建筑材料——膨胀泡沫胶作为吸音棉，减少声音在下部分的传播，使发声部位集中在"白日梦蓝"的上半部分，使音阶的调节更容易被量化。如果说 PVC 给排水管组成了一个巨大的"架子鼓"，那么"一次性拖鞋"就成为了"鼓槌"——廉价耐用，尺寸合适，且具有不错的韧性和弹性，带动空气敲击出颇有质感的声音。通过"白日梦蓝"，花火计划为孩子们带来了"四场梦"——居住空间最原始状态下的庇护所，为嘉年华表演设计的圆形剧场，桃树坳 24 小时艺术馆，一场可自行打造"装备"的球赛。

花火计划为艺术创造、教育实践、社会公益的结合提供了一条创新的道路。盛大的花火散去，梦想的种子被悄悄种下，仍在留守儿童们的心中亮着一点微光。除了依靠自己的力量单独前行，花火计划还坚持开源的理念，面向全社会共享项目过程和细节，期待着星星之火不断汇聚，让一场场花火在全国各地绽放，最终连绵成一道梦想的光谱。

1. 语境中生长出的表达与创造

花火计划的作品是有生命的，都是在具体实际的语境中生长出来的。花火计划通常植根于当地自然环境或历史文化，选取当地常见的材料进行创作，以建造一件空间装置作品为课程内容的基础，鼓励孩子们全身心地投入艺术创作的过程中，进行自由表达，从而引导孩子们自主发掘自身的创造力，在未来的日常生活中也能够欣赏、发现与创造美。

一本造建筑设计工作室是一个具游牧性质的跨领域创意实验室，他们长期奔走于项目工地上，在每个项目中付出大量的驻地时间，试图寻找一种"在地"的创作方式，在当下的时空里寻找零落甚至感性的历史、文脉、自然碎片。因此，花火计划非常重视"在地性"的表达，并且落实到材料选取和创作理念两方面。基于过去数年工作室深耕乡村的经验，项目课程大多取材于当地日常可见的材料，或是与当地工业相关的材料。"白日梦蓝"就是选取了乡村常见的 PVC 排水管作为材料，搭建起基本的建筑造型，为孩子们变幻出四场不一样的梦境。在创作理念上，作品构思多与当地的自然生态、历史文化、孩子们的心理状态与知识储备等相联系。2021 年的"盛放"，是从大凉山的环境中生长出的作品——崎岖不平的山路使自行车对于留守深山的孩子们来说是极为陌生的物品，偏僻封闭的环境让游乐场成为他们遥远的梦。建造营将这些背景与当地的彝族文化相结合，利用 12 辆废弃的共享单车与添加上彝族文字的顶棚，建造了属于大凉山这座大自然"游乐场"中的"旋转木马"。只有在大凉山这一特定语境下，在孩子们的学校操场上，才能凝聚这一作品的全部力量，实现真正的"盛放"。

盛放（BLOOMING TIME），摄影：李可欣、南雪倩，2021 年

　　一直以来，花火计划都认为："建筑应该发端于儿童般的游戏和冒险，并以构成对生活的保护为终点。"建筑，不仅仅是脑海思考的设计图纸，也需要身体的参与。基于

建筑的天然特性，花火计划的艺术教育课程并不局限于手工。我们可以看见，大山围绕着的小学操场中，孩子们静心聆听着正在播放的音乐，将他们听到的旋律与情感倾注在笔尖，让声音成为了画布上具体的色彩与形状。在装置艺术的建造中，课程综合了身体、绘画、音乐等多种艺术形式，使孩子们全身心沉浸于建筑的过程。并且，花火计划鼓励孩子们重新发现场地与建筑的逻辑关系，以建筑装置的使用者/体验者这一角色来定义建筑的功能，完成建造，从而恢复建筑的全民参与的社会属性。在"白日梦蓝"里，雨水管搭建起的建筑物既能够成为双坡顶的小房子形态的庇护所，亦是拥有一方舞台的圆形剧场，同样也能够转变为艺术馆，展出孩子们充满童真的艺术作品——孩子们是艺术家、建筑师、表演者、艺术馆导览员……建筑不再是静止不动的、生硬的，孩子们的奇思妙想激发出建筑的新功能，他们和建筑一同构建出了有生命力的艺术作品。

白日梦蓝（BLUE DAYDREAM），圆形剧场，摄影：蔡昕媛、李可欣、杨佳欣、南雪倩，2019 年

　　如果说"在地性"的材料选取与创作理念为艺术创作提供了物质和灵感的原料，建筑的创造方式为作品的呈现提供创作路径——二者共同搭建了作品的骨架，那么作为创作的主体——儿童，则用他们不被拘束的自由与富有想象的创意，赋予艺术作品以活力与生命力，使作品能够真正地呼吸和生长。在课程的进行过程中，项目老师与志愿者们竭力不以"好不好"或"像不像"来评判孩子们的作品，给予孩子们广阔的空间。他们

随意绘画着自己内心最真实的想法，捕捉特别的瞬间，向我们呈现他们眼中的世界，他们进行自由的艺术表达，感受纯粹的创作过程，将他们的创造力都赋予这个专属于他们的艺术作品。

"润物细无声"，孩子们的创造力正是在自由创作与表达的中渐渐抽芽的。花火计划将建造的过程也理解为一种游戏，希望通过身体力行的现实游戏，将孩子们的兴趣从泛滥的网络游戏带回真实的世界中来，感受真实生活的美。现成品的创作也重新定义了现成品在生产过程中被赋予的既定功能，引导孩子们发现身边之美。花火计划的在地性也使得孩子们能够从日常环境中发现美，选取日常的材料创造美。通过对真实之美、身边之美、日常之美的发现与创造，在孩子们心中种下一颗美的种子，滋养他们艺术创造的思维。

2. 一条主线与若干支线逐渐展开的空间戏剧

教育课程如何设计，才能够既给予孩子们足够的成就感激励，又保持孩子们纯真的好奇心与无限的创意，既要传授孩子们专业的创作技能，又让孩子们不局限于此而自由发挥呢？这是花火计划需要考虑的核心问题。尽管阅读了大量的教育类、心理学类书籍，但花火计划的成员们深知理论是无法覆盖实践的，因此，每一次进入新的环境，他们都会根据当地孩子们不同的心理状态进行课程调整。在每一件作品完成之前，项目老师们将会对孩子们最终完成的作品形态进行预测，以对课程内容进行灵活调整与安排，从而在引导孩子们进行自由创作与表达的同时，传授基本的创作知识与技能。

花火计划将他们的课程设计形容为"一条主线与若干支线逐渐展开的空间戏剧"。主线与支线最终会融合在一起，共同汇聚成为完整的作品。这也是课程的创新之处：最终的结果是由孩子们自行发现、选择与创造的。主线引导孩子们完成课程的最终需要的装置，支线则是穿插在主线之中的激发孩子们创造力的小课程，多为设计装置上的一些小装饰。在"盛放"作品中，孩子们的主线任务是需要完成由12辆共享自行车首尾连接、顶棚拼接这两个大任务，构筑作品的整体造型；支线任务则是完成顶棚上的装饰，孩子们需要根据听见的电影配乐，在顶棚上绘制他们所听见、感受到的音乐，并讨论听见的音乐和他们的绘画之间的联系。就这样，课程在主线与支线的交织融合中逐步推进，将一件艺术作品的创造过程与孩子们的创造力培养相结合。

我们惯于接触的课堂大部分由老师主导，老师与学生之间被一方讲台隔离，量化的成绩评定标准简单粗暴地为孩子们贴上优劣标签。花火计划的课程设计就跳脱出了传统课程的"以结果为导向"，更加重视过程，更加关注孩子们在创作中的状态。在整个课程开展过程中，老师们并不扮演指导者的角色，他们更像游戏中打怪路上的陪伴者，只在关键节点开启新关卡，陪伴孩子们度过一段又一段的剧情。在2018年的"嗨梯"创造中，方案设计、模型制作、方案表述与评选的环节首次被加入进课程，并在后续的课程中得

主线任务：自行车的首尾连接，摄影：李可欣、南雪倩，2021 年

支线任务：顶棚喷绘的制作，摄影：李可欣、南雪倩，2021 年

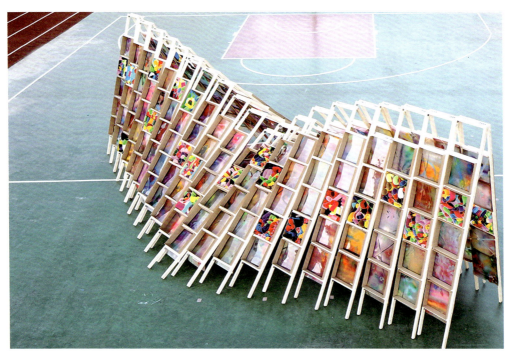

嗨梯（Hi Ladders High），摄影：康伟、李可欣、蔡昕媛，2018 年

到延续。孩子们的方案创意丰富大胆，从仿生建筑到人文关怀，囊括了项目老师们提前预想的所有可能的方案形态；呈现形式也多种多样，从类似中国古建筑的平面图到接近现代建筑学的图纸，体现了孩子们的无限创造力。花火计划的老师们并不会向孩子们提前预设作品的最终形态，从而允许创作过程中一切奇思妙想任意发生。他们只是提供给孩子们一张地图，至于抵达何处、如何抵达，都是孩子们与志愿者、建造营老师们共同探索的。

游戏过程中也需要必要的装备收集和技能升级——考虑到孩子们是第一次接触空间创作，需要具备一些基本的技能，例如学会了解材料，如何使用工具将材料创作成他们的心中所想等，项目老师们会向孩子们传授技能，这是知识吸收的过程。但与此同时，老师们也竭力保护孩子们的好奇心，使他们具有足够的空间进行不设限的表达与创作，这是创造力放出的过程。

主线的设置能够为孩子们提供"他们共同完成一件装置艺术作品的创作"的成就感，支线的设计则激发孩子们的自由创作与表达，从而寻找到"成就感"与"自由感受艺术"之间的平衡。课程就是在吸收与放出之间，在传授技能与鼓励创作之间，在知识的学习与创意的激发之间，寻求一种平衡，达成过程意义上的艺术创作。

3. 种下一个梦

种下一个梦，是花火计划的目标，也是他们能够走到今天的支撑信念之一。花火计划作为一项纯公益项目，立足于乡村振兴的大背景，与社会相连，希望通过教育上的培育与引导，为山区留守儿童提供更加具体的职业想象。盛放一场花火，开启一段嘉年华的旅程，在孩子们沉浸于欢乐的艺术创造过程中，悄悄地种下梦想的种子。

面对山区留守儿童教育资源缺失，城乡教育不平衡的状况，花火计划认为乡村振兴并不仅仅局限于物质上的资助，在教育上对孩子们的培育与引导才是长久之计。花火计划选择面向山区的留守儿童们，以数周时间为他们绽放一场花火，使孩子们感受艺术创作的快乐，体验艺术工作者、建筑师的工作中的趣味之处，以此培育孩子们对未来职业的想象。但花火计划的受益人群不仅止于山区留守儿童们，还辐射到了曾经参与过项目的志愿者们。这些志愿者们，多是对建筑、艺术等相关领域感兴趣，或未来想从事这方面工作的学生们，花火计划也为他们提供了一个提前接触梦想职业的契机。由此可见，花火计划的受益人群是很广泛的，它不仅为山区留守儿童们带来未来职业的可能性，也为参与项目的学生志愿者提供就业参考。

"星星之火，可以燎原"，单个团队的力量还是薄弱的，为了能够在社会上推广，吸引更多团队的参与与开展，花火计划借用了"开源"这一在软件开发中的概念，将所有项目的细节与过程都公开共享，希望吸引越来越多的人参与课程的完善，并为想从事相关公益项目的人们提供参考，以凝聚更多的力量。但理想与现实之间仍然存在落差——由于对个人能力与时间成本的要求太高，花火计划的开源并没有收获预期的结果。一路走来，曾经花火计划的同行者们，有很多都选择了离开，这也侧面反映了公益项目持续进行的难点，数年来的坚守更让我们看到花火计划的珍贵所在。

花火计划的开源理念有助于课程的复制、优化与推广，他们不仅耕耘自己的一方土地，更在广阔的田野上播撒种子。一项公益项目能够维持与推广，诚然是可持续性的部分体现，但花火计划的可持续性更加体现在其他三个方面：环境、教育理念与项目成果。花火计划所选取的材料均坚持环境友好的理念，"盛放"中，聚焦于当下共享单车大量浪费的情况，所选取的废弃的共享单车就是很好的体现。在教育理念上，教育的公平是推动教育可持续发展的重要路径，而花火计划就是为推动教育公平而设计的。花火计划立足于城乡教育资源差距的现状，以边远山区的留守儿童们为主要面向人群，希望采取变革性的教育理念与教育方式，并不以成绩量化孩子们的成果，而是鼓励孩子们参与创作过程，是对孩子们创造力的挖掘，在孩子们的成长道路上发挥着长远的影响。正如项目的名字，花火计划在孩子们的人生中是绽放一场盛大的花火，为他们留下梦的种子。花火计划希望点亮孩子们内心的小火花，让他们在接下来的日常生活里发现美与艺术，为他们的梦想打开一扇新的窗户。

4. 结语

花火计划以装置艺术的创作为核心内容，因其取材于乡村，并以所在地的孩子们为主要创作者，因而在艺术表达与创造上展现出独特的生命力。创作过程以教学课程为载体，在课程设计与教育理念方面均有别于传统课堂的"教师主导"和"结果导向"，致力于以创新的教育理念引导孩子们进行自由探索和亲身实践。而作为一项公益项目，花火计划与社会链接，立足于乡村振兴的大背景，面向全社会共享项目的过程与细节，希望为越来越多的偏远山区的留守儿童们带去美与艺术的课程，在潜移默化中为孩子们"种下一个梦"。花火计划的实践为我们提供了艺术教育的新路径，即将艺术教育与社会公益相结合。在培养孩子们的艺术思维与创作能力、推动艺术教育的扩大的同时，为山区留守儿童带去别样的体验与收获，自下而上地促进社会教育公平与乡村振兴建设。艺术的价值是多元的，这一实践也让我们看到艺术除了带来审美感受之外的更多可能性。我们期待更多的人以开源的方式参与到花火计划的共创与共享中，将花火计划推广到更多地方，生长出更多艺术创作，培育更多美的心灵，种下更多梦想的种子，让花火持续绽放。

儿童艺术驻留计划

——"像艺术家那样学习"

文 / 张乔松

2018 年，云朵实验室启动了儿童艺术驻留计划，主要面向 6~13 岁的儿童，以主题研学的方式，带领孩子们一起去到不同的地域，感知当地的历史与文化场域。

懒坝儿童艺术驻留夏令营现场，重庆懒坝美术馆，2020 年

儿童艺术驻留开展六年以来，孩子们在世界各地留下了自己的创作与思考。驻留旅程以 2018 年开展的维也纳智慧城市考察为开端，从重庆黄水森林里的风动装置创作，到丽江的纳西族村落、武隆的大地艺术公园，再到前年探访的"中国最幸福的村庄"——黔东南侗族村寨黄岗村，去年又去到日本九州地区的八女市。在每年的驻留中，十余名小艺术家跟随由当地艺术家和随队助理老师组成的团队，在当地开展观察、行走与调研，最后共同创作作品、举办展览。对孩子们而言，这不仅是一次在陌生地区展开文化追踪和溯源的机会，也是对自我内心世界的探索与发现之旅。

云朵实验室提出的"儿童艺术驻留"说法，是新鲜有趣的。其所基于的"艺术驻留"（也称艺术驻地、艺术家驻地），是当代艺术中常见的一种艺术生产创作方式。从现代主义时期的画家皮特·蒙德里安，到为众人熟知的华人艺术家蔡国强，以及青年一代新锐艺术家邓大非、何海、程然、杨心广、耿雪……许多优秀的艺术家，都曾通过艺术驻留的方式，在一个未知的环境中为自己的作品寻找灵感。在艺术驻留的模式下，特定机构邀请艺术家来到一个新的环境，向艺术家提供资金支持、工作场所和住宿条件，以使他们充分感受、专注于当地的人文与自然环境，在一个完全不同的环境下创作自己的作品。

云南丽江，2019 年

　　艺术驻留是一个双向互动的过程，机构为特定艺术家或群体提供创作空间、创作时间、活动机会等资源，而艺术家自身的成长、创作也能为推动地区文化发展、焕发城市再生活力、增强区域内文化艺术活力作出贡献。韩国首尔研究院的学者 Lan Hee Shin 认为，艺术驻地不仅能为艺术家提供创作空间，还具有推动内外交流、城市再生、社区沟通等作用。艺术作为一道有无限方向延展的可能性的桥梁，连接起了世界各地的艺术家。不同国家、不同文化背景、不同理念的艺术家们，以艺术为媒介，在全新的人文环境中展现创造力，探索与创造更多可能性。

　　同样在陌生环境调研驻留，同样深度参与到艺术驻地的生活，儿童艺术驻留相比于常规的艺术家驻留项目，最显著的一个特点便是驻留对象变成了儿童。作为儿童艺术驻留项目的联合发起人，策展人倪昆在接受 UNArt 专访时表示："发起儿童艺术驻留项目和我自身的工作经历紧密相关。"他以策展人的身份运营艺术家驻地项目已有 15 年之久，儿童艺术驻留项目的想法，正是脱胎于这种在艺术界趋向于主流的工作模式。"它本质上可以理解为一种深度在地化的项目制艺术夏令营"，倪昆这样形容道。

1. 替代教育：深度在地与多元连接

　　学校教育属于体系化、学科化的主流教育，而云朵实验室所开放的项目课程，更多是起到了"替代教育"的作用。相比学校里的"主流教育"，实施项目式课程（PBL）作为"替代教育"，也有"主流教育"不具有的一些优势，比如更亲近自然世界的花鸟树木、可以更灵活地对真实社会中的公共议题作出回应等等。

　　2022 年，儿童艺术驻留计划在"中国最幸福的村庄"——贵州黄岗村举行。"中国最幸福的村庄"这样响当当的名头，可并不是自封，而是有着一段尘封许久的故事。2000 年，21 岁的日本女演员有坂来瞳千里迢迢来到贵州黄岗村，与当地村民同吃同住共同劳作一周，感受当地淳朴的民风与侗族人的生活智慧，并与村民约定 20 年后再见。当时拍摄的纪录片，便将黄岗村称作"中国最幸福的村庄"。

　　20 余年后，10 余名小艺术家怀着对"幸福是什么"的好奇，在这一片土地红、苗苗青的黄岗侗寨上进行艺术驻留，与这个故事遥相呼应。对小艺术家而言，相比于学校教育所要经历的时间而言，在黄岗侗寨 6 天的体验是短暂的，同时也是丰富、幸福、切身的。古老的侗寨里，村民日出而作，日落而归，过着自给自足的农耕生活。在寨子里随意走走，四处都飘荡着侗歌声和糯米香。

贵州黄岗，2022 年

　　这座小村落的每一个热情洋溢的嬢嬢、伯伯、公公、婆婆，连同侗族的特色文化一起，深深感染到了这一群来自城市的小艺术家们。经过了近一周时间的夏令营，孩子们学会了唱侗族大歌《青蛙歌》，和同龄的侗族小伙伴展开了交流。在驻留结束的展览上，孩子们合力挂起一块成人高的白布，并用蓝笔在上边写下这次展览的前言："幸福究竟是什么呢？幸福是烈日炎炎下的一口冰西瓜，是劳累一天后满桌的菜肴，更是大家齐心协力完成的一件作品。这次旅行中，我们贴近生活，享受田园生活，探索无限的乐趣，原来幸福就是这样的简单、朴实。"孩子们这样发自肺腑的文字，流露出他们在黄岗村驻留的日子里辛勤劳作、忙碌而又幸福的生活状态。

作为与学校区别的教育方式，黄岗村的驻留连接了具有不同行业、不同文化背景的人，构建了一个流动的、不断更新的系统。在这个系统内，有来自艺术机构的教育实践者，有黄岗村的伯伯、嬢嬢，有来自汉文化地区的孩子们，还有三名当地与这群孩子年龄相仿的侗族孩子参与到驻留中——作为汉侗文化交流的"小使者"。

黄岗艺术驻留展览开幕大合影

随队老师的文字，记录了这群孩子们的一个显著变化：最初来到黄岗村时，孩子们都是抗拒、恐惧、不愿表达的；而第二天之后，就逐渐开始放飞自我，全情投入到调研、合作、表达、创作中。在学校传统的课堂中，知识的传授是由专门学科的老师完成的，这一门课的时间只能上这门课，课堂上老师也是按部就班地传授"属于"这一门课的内容。由此，孩子们逐渐变成了被动的接受者，进一步导致了儿童的话语在教育体系中的缺失。而在黄岗村的驻留中，小艺术家们从被动的角色中跳脱出，主动在当地的生态背景下进行艺术创作，表达了自己的看法，成为讲述者和真正的教育参与者。在这个过程中，对自然的感性体验置于抽象的、不可感知的文字之前，孩子们主动感知、切身体验，在一个秩序自由的环境里，成为了感性与理性兼备的人。

2. 天生的艺术家和梦想家

民间俗语"三天不打，上房揭瓦""不打不成器"，反映着传统文化对儿童的蔑视。在主流的教育体系中，对"不守规矩"的孩子，学校里一些老师要么不理会，要么暴力去"修理"他们，实际上都是非常不合理的。

作为与主流教育相互补充的替代教育，儿童艺术驻留的实施中不再有一个去规范、去修正孩子们行为的角色。没有人规定孩子什么该画什么不该画，没有固定的教学任务和上下课时间，在远离目的与功利的艺术驻地，孩子们通过艺术表达出内心世界真实的认识、想象和情感等。

懒坝儿童艺术驻留夏令营"竹音派对"，重庆懒坝美术馆，2020 年

我们常常认为儿童的脑袋里充满了奇思妙想。实际上，并不是因为儿童生来就怀有许多"惊奇"的想法，而是我们大人的脑袋里装满了许多先入为主的观念，由此，孩子们眼中丰富多彩的世界变得单一乏味。即使在一个没有纸、笔和颜料的地方，孩子们也可以用一粒石子、一块砖头，在一面墙壁、一条破布或一块泥巴地里画出自己心中的独白、梦想、欢乐或忧伤。

在黄岗村进行艺术驻留期间，孩子们解放了天生具有的想象力与创造力，他们跋山涉水到鼓楼去写生，在田里捉鱼，惊叹于"稻鱼鸭系统"的智慧，观摩了穿斗结构的侗族古寨。小艺术家们用他们稚拙而天真的绘画，打动了我们的心灵。在黄岗村这个比任何城市都要更接近大自然的乡野环境中，孩子们的"自然冲动"得到了充分的释放，他们用手下的画笔，像真正的艺术家一样，表达出自己的真实情感，描绘出他们所构建的独特世界。

　　《小王子》开篇的故事中讲述道，怀揣着画家梦的"我"，拿着一幅蟒蛇吞下大象的画问大人们怕不怕，遇见的所有大人都不解，一顶帽子有什么可怕的。"我"画出帽子中的蛇后，大人又说，无论是这些开着肚皮的，还是闭着肚皮的蟒蛇画，最好都放在一边，应该把兴趣放在地理、历史、算术、语法上。大人们的世界总是需要解释，总是建议别人应该怎么怎么样，而非怀着欣赏的眼光看待人和事物，去像孩子一样表达"我感受""我喜欢""我唱""我跳""我玩"。这一群懂得怎么去感受，怎么去"玩"的孩子们，则是天生的艺术家、探索者与梦想家。

懒坝儿童艺术驻留夏令营"泥土的狂欢"，重庆懒坝美术馆，2020 年

　　在蒙台梭利、卢梭等学者和教育家的眼里，儿童也不是乳臭未干的"小毛头"，他们有着自己的思想天地，能够与飞鸟对话，与群山、田野、万物交流。蒙台梭利在其演讲中多次指出，儿童是小小的"探索者"，是"上帝的密探"。著名教育家苏霍姆林斯基则认为，儿童的问题具有"哲理性"，他明确指出："儿童就其天性来讲，是富有探索精神的探索者，是世界的发现者。"卢梭则赞扬儿童本来的自然状态，他认为人类社会中任何崇高理想都必须遵从天性，否则就是骗人的、害人的，会让人处于异化状态。在《爱弥儿》的开头，卢梭就说：出自造物主之手的东西都是好的，一到人手里就全都

变坏了。当儿童经过社会的洗礼，变得如上一代所说"成熟一点"时，他就会进入一个客观、功利的世界，丧失掉艺术的天赋。诗人柯勒律治也曾在他的《午夜的森林》中写下作为成人的自己和孩子的不同：

当我长大的时候

我居住在大城市，禁闭在昏暗的修道院之间，

所见的可爱的事物除了天空和星星外无他，

而你呀，我的孩子，将像阵阵微风四处转悠，

在岩下的湖畔，沙地的河边，

在白云下的远古的大山……

"每个孩子都是天生的艺术家，问题是怎么在长大之后仍然保持这种天赋。"也许在一些时候，作为"大人"我们反而应该思考，自己是在何时丧失掉了如儿童那样细微地体察世界，那样洞悉本质的思考的能力。

当然，替代教育的开展也并非没有困难。一方面的现状是，教育往往被当下的现实赋予浓厚的功利色彩，升学率和纸面的成绩成为学生追求、父母祈求、社会要求完成的指标。另一方面，"以自然发展为导向"的教育存在自身的局限。坚持自然教育的思想，就要充分意识到儿童之间的差异性。而对这种差异的尊重，则意味着需要大量的资源、高额的学费来匹配针对具有不同特点的儿童的教育方案，最后，"替代教育"也成为了为中产阶级所渴求、竞争的对象。因此，在教育水平发展不平衡、教育资源分配不均的当下，"替代教育"的开展也必然蒙上一层理想主义的色彩。

"教育"两字，"教"即传授知识技能、做人道理，后面的"育"才是培养健康成长的儿童的核心，即在一个健康的环境中去培养、涵养孩子的思想道德、意志品质与健康的体魄，让孩子身心得到全面发展。在云朵实验室的儿童艺术项目中，孩子们褪去"小大人"的沉重外壳，灵动自由的灵魂得以在广阔的土壤里恣意生长。值得欣喜的是，当下正有一群在一线探索的教育者们，他们寻找教育观相近的教育伙伴，集结各地分散的力量，去塑造理想的教育。或许这种力量是分散、微弱的，但这些项目的发生、成长根植社群，也具有相当强的生长潜力和韧性。

云朵元宇宙

——关于未来城市的想象

文／肖语新

1. 云朵实验室：联结未来的儿童美育

让我们一起看看 100 年后的重庆——花苞形状的"新希望基地"和多元包容的"动人居住区"拔地而起，住满猴子的"泡泡屋"和颇具《格列佛游记》色彩的"零食小人国"正遥遥相望。围坐在一起的孩子们打量着这个由他们建造出来的美轮美奂的城市，在他们新鲜好奇的目光里，云朵实验室激发的"跨学科美育"已悄然生长。2022 年春季，云朵实验室发起了 4 个艺术科学项目课题，其中"关于未来城市的想象"以元宇宙为思考启发点，从母城重庆出发，鼓励孩子们展开对未来城市的想象。来自实验室专业教师团队的指导老师李红宏、张雅靓和技术支持何湘、马金桥带领由 11 位同学组成的 3 个小组，通过对元宇宙虚拟与实体交互技术手段的学习，使用 Arduino 编程、KT 板、轻黏土、塑形布和水粉颜料等材料，讨论未来城市的规划，设计脑洞大开的建筑体，历时一个学期协作完成。

从一开始，孩子们就展现出了惊人的实践精神："我们做的是 100 年后的重庆，我希望我们做的这些可以在 100 年后实现。"100 年后的重庆究竟应该是什么样呢？从展览成果中可见，未来的重庆主城一共划分为五大板块，有作为地标性建筑的"新希望基地"，如果地球即将毁灭，全世界人类都可以进入其中寻找新的家园，并且"上面是一朵可以自动开合的花，可以让乘坐'新希望基地'的人在上面晒太阳"；有可以来回行走的"泡泡屋"，"猴子在里面可以边玩耍边看风景"；有充满《格列佛游记》色彩的"零食小人国"，居住着一群好吃的、黄豆般大小的小人，"饿了就吃一颗糖，一口薯片"；有全自动的机器人商场，可以乘坐机械电梯前往任何楼层；更有别出心裁的"动人居住区"，作品的小主人解释道："'动'就是动物的意思，'人'就是人类的意思，这个建筑就让人类和动物可以交往，也可以做朋友。"参与项目的孩子们都希望未来城市在自然中生长，人类与所有生命和谐相处。他们赋予建筑以生命，这些大型建筑生命体承载着孩子们对未来城市的美好期望。这个未来城市模型同时伴有交互功能，观众可以通过手势交互唤醒其中的建筑生命体，唤醒这座孩子们眼中的未来城市。

在项目长达一学期的落地实施过程中，科学语言和日常语言不断交流和互补，孩子

100 年后的"重庆"建筑体，原·美术馆，2022 年

们一方面学习 C 语言编程、手写代码，充分利用各种外部资源，另一方面也尽情发挥无与伦比的想象力，体现了"人与自然和谐相处"的朴素生命观。兼顾了"想象力"和"动手能力"，"艺术"和"科学"得以并行不悖地在儿童心中生长发芽，足见项目背后设计者的用心。然而受固有的美育观念驱使，这种建立在技术想象和设计基础上的跨学科美育仍令人心生疑窦：孩子们真的能接受这样的教育设计吗？他们会对这样的项目表现出较强的兴趣和动手能力吗？会不会遇到什么困难？

云朵实验室作为对主流教育"创造性破坏"的发起者，则给出了最为返璞归真的答案：大众需要回到教育的本质来思考艺术教育，也就是说不是将学习作为美化生活的手段的艺术，而是回到艺术与生活的流动不息的关联中，在创造性学习和动手操作的游戏过程中体验和学习艺术创造和想象。如果说拉康的"镜像理论"认为婴儿需要镜中的影像来确认自我，儿童对自我的第二重自证则源于"动手"的激励，尤其是参与到与生活经验切实相关的活动中。云朵实验室在设计课题时也较为注重这一点，以儿童们生存的家乡重庆为出发点，小朋友们可以娴熟地指出作品与现实的对应物："这里是朝天门，这里是江北，那边是南岸，这里就是两江（长江和嘉陵江）的交汇之处。"在对家乡的不断重复的感性指认中，孩子们对日常处身的世界有了更丰富的感知能力，而日渐丰富和多层次的感知则帮助孩子们培养对家乡的情感、共情和多维的想象及参与感。又如"我的世界"和"动画简史 / 戈德堡装置"等课题，都极具主动性地加入符合儿童年龄段特征的事物：从小鸡的"孵化"开始针对不同年龄段的儿童进行情感培养的学习或在基础通识的引导学习下以联动艺术动画装置的形式进行集体创作和表达，云朵实验室始终争取让孩子们兼具新技能和生活知识学习，努力激发其动手热情。

同届的 O'Kids 儿童艺术节展览主题为"艺术行动者"，再一次强调和突出了"艺术"在社会进步过程中应该起到的真实作用——作为表达、方法、纽带，为儿童营造更健康的成长环境，"跨学科美育"可以说是践行这一观念的最佳示范。云朵实验室尝试从教育的角度将艺术与不同领域放置在一起，以形成跨界互动，即"艺术与科学的融合教育"，融合是更有可能捕捉未来的趋势。

2. 从小艺术家到小建筑家：儿童主体性的确认

"关于未来城市的想象"这一项目的课程与设计，推动孩子们完成了新的身份感知与主体确认：从大众普遍认知意义上的小艺术家们化身成为专业性更强、技术要求更高的小建筑家们，参与者主要为 9~13 岁的"大孩子"，涉及了艺术创作的绘画技法、需要综合材料运用的计算机语言编程和具有复杂机械结构的人机互动装置等。

大人的刻板思想会一再作祟：这种身份的转变是真实的吗？孩子们是否真的具备了一个建筑师应有的职业要求和技术要素？但"跨学科"之"跨"正是要打破这种界限，"关于未来的城市"的确被设计了出来，并且能够实现和观众互动的目的，唤醒城市中的生命体——可以说，这是现有世界最为独特的建筑师群体，不仅成果本身是儿童创作的艺

孩子们正在为"两江"上色，原·美术馆，2022 年

术品，更因为参与过程中"儿童的主体性"。

被问及在制作建筑体过程中遇到的困难时，小朋友们挠挠头表示："编程一般会稍微困难一些，因为我必须要调好角度，而且要看准这个时机。"每个人都自觉负责关于未来的城市特定部分的建设，有的制作出了"上方可伸缩的跳水台"，居民们入水后还可以在茶杯中沐浴；有的则在机器人商场中实现了造福大众的便民设施："这里的电梯可以抓一些像箱子一样的东西，把它提到想去的一些楼层。"还有的小朋友拨弄着建筑体中各色小人的手指，骄傲地表示："我负责做的是小人国里的居民。材料是轻黏土，先把它们搓成需要的形状，然后再来做细节。"

这样自在融洽的画面引起人久违的感动。自古以来，儿童都是一个被不断叠加影响的群体。新的教育需要在"儿童再发现"的观念启迪下，重新面对儿童的原初本性和力量。长期受西方二元对立思想影响，儿童被确证为大人的反面，以人为观念貌似自然地规定了其天真无邪、无忧无虑的性质，反而制造了一种幻觉。儿童的确是一个需要被呵护和重视的他者，但从美育视角出发，儿童须摆脱被动的受教育者、被规训者身份，在教育关系中受到足够的尊重，获得主体性地位。然而在通往这一目的的途径中，大众对"以儿童为中心"这一现代教育基础共识没有疑义，却往往对如何建构这种主体性产生巨大的分歧。

但在探究"关于未来城市的想象"这一美育项目时，孩子们所想象的未来重庆是与自然和谐生发的，出现了各色各样的非人生命形式，有居住在泡泡屋的猴子们，有水陆空三栖的飞鱼，还有生活在小人国里的居民们。这似乎与当下更为流行的"赛博朋克"世界观不尽相同。在采访有关负责人时，他特别提到一个概念"自然"，即美育实施过程中对儿童的不干涉和不引导原则，除了必要的技术手段辅导，所有小朋友都以独一无二、化自在为自为的形式体验了设计城市的过程。"城市"与"自然"的联结正是自然而然发生的，因此儿童从小艺术家到小建筑师的转变不必被成人社会认可，仅仅需要一种富有意向性的自证。而展览现场观众可以通过手势与孩子们建造的城市互动的环节，至多能充作对儿童主体性的追认。

3. 展望儿童友好城市的动力："云朵"让想象发生

"关于未来城市的想象"似乎是一个可以宏大也可以具体而微的命题。云朵实验室选择借助孩子们的眼睛和双手具象化了 100 年后属于故乡重庆的动人面貌，而当观众真正身处其间，动一动手指就能完成手势交互，令居民和动物们来去如风、自在穿行——我们难以想象还能出现一幅比眼前更别具匠心的属于孩子们的"千里江山图"，也无法不满怀期待来响应"儿童友好城市"的号召。"儿童"不再是限定在"关于未来城市的想象"中一个美好却缺乏说服力的空洞前缀，至少眼前这一班自信从容、敢于尝试的未来城市的小主人交出了他们的答卷："我喜爱我所建造的这个重庆，长大以后，我也有信心继续建造它（重庆）。"

O'Kids 儿童艺术节展览现场，原·美术馆，2022 年

　　与此同时，我们隐约能够察觉到，云朵实验室在串联起儿童与想象力之间的独特作用。正如杜威所主张的"教育应是经验的继续不断的改组或改造"[1]，儿童教育最关键的一个部分即是经验的获取，回归到身体感知和收获的过程。云朵实验室能够差异化、多元化地设计项目，以适应对信息的观察点和敏感点都浑然不同的孩子们，在建设儿童友好城市乃至国家的探索中，它又是一个最为激越的学习者，敢于扬弃固有的姿态，通过无数次的现场深耕培养跨学科创造性的可能。

　　让我们向云朵实验室、更向这些小艺术家们（兼小建筑家们）脱帽致谢吧，不要吝惜来自大人的赞美和敬意。他们是整个城市和社会系统不可或缺的一个环节，所有他们脑海中"关于未来城市的想象"终能化为整个社会安身立命的基石。这些小艺术家们也在提醒我们，儿童美育并非一条越走越僵硬呆板的道路，越深入探索，越能意识到儿童主体性的可能：重要的不是儿童能成为什么，而是儿童想成为什么，向着未来的儿童友好城市进发的第一步是让想象发生。

1　杜威，《我们怎样思维·经验与教育》，姜文闵译，人民教育出版社，1991 年。

"愈"人以美，"育"人以成

——Projeto Bluette 项目案例

文 / 王心怡

艺术疗愈或许已经算不上一个过于新颖的名词。然而现实生活中，我们所能体验的艺术性感知、疗愈性经验却是极其有限的。或许我们对于艺术疗愈的印象，也只是停留在屏幕的另一端与我们"无关"的远方。而 Mr.Bluette 作为一项艺术疗愈项目，通过进入重庆，走入真实的社会生活，来到 O'kids 儿童艺术节展览上，与当地的居民发生交流、互动，推动重庆教育型城市的生成，也丰富自身的内涵，最终实现艺术唤起情动、驱散孤寂的旨趣。

1. 结缘 Mr. Bluette

Projeto Bluette 是来自葡萄牙的艺术家 Carla Cabral 于 2016 年发起的旅行艺术项目，旨在倡议社会对当代普遍存在的孤独孤僻孤立的问题保持敏感和反应。项目的主要形式是由发起人 Cabral 创作设计名为 "Mr.Bluette"（忧郁先生）的雕塑—— 一个

Cabral 女士与 Mr.Blutte，2016 年

有些卡通、有些异域感，留着寸头、目光憨直且双眉浓黑的少年的头部雕塑，他是中空的，可以置放也可以戴在头上。在随后的时间里，Mr Bluette 陆陆续续被不同的艺术家、摄影师、音乐家、设计师等带到了世界各地，他们将其放在城市角落或艺术现场，并收集有他参与的照片和影像作品。

一次偶然的经历，使得倪昆与 Projeto Bluette 相遇。Cabral 女士的艺术家朋友近年来在中国的游牧行走，与倪昆老师多年从事艺术教育的碰撞，促成了这次合作。Projeto Bluette 常年活动在欧洲地区，对于来到一个全新的文化圈开展活动，Cabral 女士感到很惊喜，也很兴奋。倪昆老师这样谈道："我们想要找的不仅仅是艺术，更是教

育。Projeto Bluette 是经过我们认定，在艺术和教育两方面都能站得住脚的一个项目。能够激发参与者的讨论、运用多元的方式实现艺术疗愈，能够为大家交换观点思考搭建桥梁，重新进入公共视野，是我们参照的重要指标。"经过倪昆老师与四川美术学院的杨方伟老师的沟通、探讨，Projeto Blutte 来到了重庆，走进四川美术学院与 O'kids 儿童艺术节，与当地的同学和观众见面了。

2. 回响不断

正如倪昆老师所言，"美术馆是一所临时学校"，美术馆具有滋润人心、教育公众的重要作用，是社会美育中的重要环节，也是形成教育性城市不可缺少的部分。在这样的背景下，回应观众期待，在观众的启发下实现创作的互动，由此回响不断就显得格外重要。

参与项目的四川美院同学从了解 Mr. Bluette 出发，通过观看此前 Projeto Blutte 在不同的地区施行的情况，从而开启灵感，接着，同学们通过临摹、再设计带来新的创意与构思。有的同学用背篼背着 Mr. Bluette，带他到校园不同区域参观和游走；有的则选择带着 Mr. Bluette 骑着摩托车出现在城市的不同角落，和他一起体验我们居住和熟悉的城市；有人选择戴上 Mr. Bluette 和自己熟悉的人打交道，以一种全新而有趣的形象出现在亲友面前；还有的将经典卡通人物"一键换头"，P 上 Bluette 先生的头像，传统形象被解构、重塑，并将其绘制到布包等衍生品上……

川美同学们观看 Mr.Blutte 相关视频资料，四川美术学院，2023 年

有了 Mr. Bluette 的加入，寻常地游逛校园、城市行走产生了新鲜的体验。川美学生林林如是说，"Bluette 先生看起来很腼腆、特别可爱。第一次见到他的时候大家都忍不住上前去摸一摸。大家把 Bluette 先生的头像戴在头上，去跟别人交流都感到很有趣、很有新鲜感。原本熟悉的人会产生一种惊奇：'咦，你怎么变成这个样子了？'""虽然 Mr. Bluette 是叫忧郁先生，但是他真的带给我们很多的快乐哈哈。有一次我们一起拍照，一位同学戴着 Mr. Bluette 的头像，整个画面看起来就蠢萌蠢萌的。大家都忍俊不禁。戴着他到处逛也是，就好像把自己的烦恼都逛没了。""表面上戴上 Mr. Bluette 好像跟大家隔绝了，但是从一种新的角度看世界，又重新跟这个世界有一种全新的联系。戴着 Mr. Bluette，大家都忍不住会来看你。有的时候一些路人也会主动要求拍照。拍完后还会对你说'很可爱'这样的话。有一次有个小朋友跑过来问我戴着这个会不会很辛苦很闷，我突然就（非常感动），那一刻感觉到陌生人之间也不只是冷冰冰的、萍水相逢的关系，也会有善意与温暖。""我们大家一起完成了一本日记，里面记叙了我们不同时空中的不同感受，有好也有坏。大家在一起分享，写下来感觉自己的心情平静了很多，有一种'哦，原来我已经经历了这么多事情''原来大家也都面临过这种困境'的感受，也更有力量面对未来的生活。"还有的同学分享说："我带着 Mr. Bluette 去到了当地的一所小学里。和我预期的不一样，同学们看到雕塑，就主动好奇地上来想要和 Mr. Bluette 合影。看得出来大家都很喜欢 Mr. Bluette，我也很开心哈哈。"

因为 Mr. Bluette，大家也打开不少新的脑洞：有的同学将自己的专业和 Mr. Bluette 相结合，设计出一款 Mr. Bluette 形象的小游戏。在游戏的过程中，大家化身 Bluette 先生，通过奔跑、行走在不同的国家，打破一个个小烦恼，增进与陌生人之间的互动，在不同的国度结识不一样的朋友，进而打破孤独、疗愈寂寞。在一起游戏的过程中，大家相互协作，一起收获快乐的同时也拉近了彼此的距离；有的同学模拟 Mr. Bluette 的身份，写下交流日记，记录作为 Mr. Bluette 与大家相处的点滴。其中有位同学写道："和 Bluette 先生的相遇，是我在最近的小确幸。我能够短暂地以不同的视角重新看待我所处的那些困境：绩点、成绩、人际关系……并最终和它们达成和解。真的很感谢 Mr. Bluette 带给我这次珍贵的体验。"有的同学也聚焦于这次疗愈的不足，并开展研讨会，共同讨论如何让 Projeto Bluette 更加亲近大众、富有诗意。更有同学在观察 Mr.Bluette 的过程中，萌生了为 Mr. Bluette 做一个朋友的想法。他们从 Mr. Bluette 的材质出发，结合环保理念和重庆当地的地域性文化特点，以带给人温暖的火焰为元素，利用石灰粉和废弃纸浆设计了一款以类似拥抱的环形形态的猫猫雕塑。"火焰能够带给人温暖的感受，让人忍不住想要亲近。而猫猫天生给人毛茸茸的、想要呵护的感觉，由此我们设计了一款天然带有拥抱属性的雕塑，大家可以在互动的过程中跟它拥抱，带来身体感的接触，由此拉近人与人之间的距离。"

杜永琪同学设计的 Mr.Bluette 的朋友——猫猫　　O'Kids 儿童艺术展上的 Mr.Bluette 与他的朋友们

　　带领同学们进行 Projeto Bluette 项目的杨方伟老师提到了这样一个细节："原先艺术家的设想是让 Mr. Bluette 成为一个拉近人与人之间关系的中介物，但没有想到当 Mr. Bluette 来到重庆后，大家会想到为他进行二次创作。可以看到同学们在延续了创作者的设想的同时，又超越了她的设想，这一点是非常难能可贵的。"

　　构建理想中的疗愈性城市，非常重要的一点就是城市中的每一部分都能作为教育与治愈的局部，它们与人的经验息息相通。在疗愈性的游戏中，不同的场域相互碰撞、相互激荡、相互交换，重构一个更有人情味、唤醒肉身体验感的城市。美育虽然不能瞬间化解社会中的问题，但在浸润式游戏过程中，艺术疗愈能够循序渐进地滋生美的素质、唤醒想象力、带给人们力量，哺育人感性力量，培养具有主动学习、自我学习意识的现代公民。而在 Projeto Bluette 项目里，观众在其中被点亮、启迪、疗愈，与艺术作品之间形成良性互动。

　　受疗愈的过程也是重新发现自我、打开自我的过程。一位同学谈道，"在这个项目中我感到，其实孤独并不完全是一件坏事，也不是每一种孤独都需要疗愈。适度的孤独也能带给我们自省自察的力量。有时我自己一个人吃饭、出去玩，看似是孤独的，其实我内心非常享受这种孤独，我从中也觉得很快乐。"Projeto Bluette 带给人的也不仅仅是快乐，还有新的自我省察。

当走入 Projeto Bluette 为我们所构建的独特场域中，大家感受到现代都市中所缺失的社群归属感与连接感。从外面观看 Mr. Bluette 和将它戴在头上两种不同状态也带来截然不同的体验。以 Mr. Bluette 的视角观察世界，将艺术品和观看者直接关联起来。参与者能够聚焦于当下的情绪与思考，在观看、创造 Mr. Bluette 的过程中，也在观照自身的情绪、心境，将视觉与内心的感受相结合，随心而动，在察觉自我与交互的过程中获得成长的力量。这是一场大胆地将教育搬入城市生活的"课堂"。人们的审美想象与情感动力被重新调动起来，鲜明生动的个性在其中得到发挥与舒展，最终在人与人的相遇中获得情感上的疗愈，驱散原子化的孤寂，重新建立起具有疗愈性的人际关系。

3. 回到真实的社会场域

艺术不是无根之萍，它需要回到日常生存的在地场域中，才有打动人的力量。早在 2021 年 O'kids 儿童艺术节上，倪昆老师及其合作团队已经确立了这样的理念，即艺术家应当作为行动者联盟，尽可能影响到愿意参与美术馆活动序列的观众，切实解决社会问题。"我们要做就做实在性的项目，回到真实的社会场域，面对切实的社会对象，能够经得起推敲，而不是做一些看似很正确的假项目。"倪昆老师这样说道。这也是 Projeto Bluette 来到重庆后没有找一些本地艺术家进行策划的原因。"本地艺术家做出来可能非常漂亮、观感上看起来很棒，但是每个艺术家有自己不同的工作方式。我们还是希望能够带给参与者一种更为直接的体验。"

作为美育、疗愈组成部分的艺术展出，所关注的是历史现实及日常生活的具体问题。艺术疗愈同样如此。关注人的具身性存在与切身的内心孤寂，带给人内心以治愈。Projeto Bluette 关注的是人存在的具身性问题，解决的是当下现代人切身性的焦虑困境。美术馆的能力固然有限，然而可以启发参与者的审美情感、改善其意识，并推动与之相关的家庭、学校的联合，尽可能激发潜在受众群体，从而产生广泛的公共教育作用。"教育的本质是一棵树摇动另一棵树，一朵云推动另一朵云，一个灵魂唤醒另一个灵魂。"通过艺术召唤人与人的相遇，实现连接，建设教育型城市，是全社会的共识，也是建设未来人心目中的理想城市的题中之义。

城市的疗愈，恰恰发生在许多不经意处。"Projeto Blutte 项目"是一种新的尝试，将人与人以一种新的方式连接起来，并带给人们全新的人际关系体验。在人来人往的城市生活中，Projeto Bluette 的出现，他轻轻地拂去我们的孤寂，在游戏式观看中建立起新的交互与连接。在当下，城市愈发陷入"千城一面"、丧失肉身感知性的困境。急速的城市化进程中，城市机械化、空心化、原子化，都市生活的线性化、枯燥化、单一

同学们带着Mr.Bluette在城市中行走

化使得城市居住日益与富有知觉力的经验相脱离。人们的通勤时间越来越短、越发急于奔向目的地，而失去感知日常与"附近"的闲暇和能力。心灵的贫乏与干涸、城市的枯燥与乏味，正需要艺术触及人与人之间的关系，重新建立人与人之间的连接，唤起人的想象与情动，治愈高速发展遗留的现代症候，进而实现以美育人。

在这样的背景下，作为治疗孤独症、空心症的艺术疗愈项目，"Projeto Bluette"与川美同学们的创意重新结合，生成了影像、绘画、雕塑等多媒介作品，重新发现了人们的身心，回应了艺术家"沟通、连接"的旨趣，也回应了当下时代的呼唤。未来，我们也期待有更多切实进入我们生活场域中的项目来到我们身边，用人文之美带给我们治愈与喜悦，唤醒我们孤寂与干涸的灵魂，在我们心底种下一颗美的种子，静待其生根发芽，在彼此的连接中开出花朵，令我们再次获得彼此聆听和感动的能力。

O' Kids 儿童艺术节

——对艺术及教育的深描与细读

文 / 阮溪边

"艺术内在的是教育，教育也可以成为艺术。"

—— 约翰·杜威《教育中的艺术与艺术中的教育》

18 世纪初，启蒙运动席卷欧洲，思想的解放加速了技术的进步，工业革命的到来，完成了以生产力、城市化、资本主义为核心的现代性扩张。19 世纪中叶，以印象派为源头，众多新兴的艺术运动和流派相继诞生，旧艺术观念和技法不断遭到"抛弃"，其后一百年间，"创新"成为艺术发展的关键词。肩负艺术家培养与艺术研究重任的美术学院，或被迫卷入这一变革浪潮，或主动成为背后推手。1919 年，包豪斯学院在德国成立，建校校长格罗皮乌斯反对纯理论知识和美术技法的过度灌输，主张教学、研究、实践三位一体，学科门类彼此交叉融合，以全面培养学生的综合能力。包豪斯摒弃了欧美艺术教育自 17 世纪晚期就沿用的巴黎皇家美术学院教学法，将新技术、材料以及视觉研究引入基础课程，开创了现当代艺术教育改革的新局面。14 年之后的大洋彼岸，黑山学院在美国筹备并建立，艾尔伯斯夫妇受邀前往黑山，包豪斯教学方法与理念继而被吸收进美国文化，并得到本土演进与传播。学院的创始人之一赖斯曾言，"黑山所教授的是方法而不是内容，在黑山学习强调的是过程而不是结果""教育是训练想象力的最佳方式，只有具备想象力的创造，才能达到并发展整个人类……学校应该培养像艺术家一样思考的人"。持有这样的愿景，黑山的师生们决定共同探索一条富有理想主义的教育路径，学院成立之初就取消了分科课程设置，学生可以在艺术与人文学科之间自由实践，在创作和体验中发展个性与才能，以此构建自身的多元视角、批判性思维和终身学习的能力。有赖于师生之间平等互助的关系和开放式的学术氛围，黑山学院成为美国抽象艺术的衍生地及以现代实验精神著称的先锋教育领地，激浪派的反叛传统亦发源于此。

赖斯的教育方针之确立，离不开同为哲学家和教育家的好友杜威的影响，就连艾尔伯斯也非常拥抱杜威的思想。1935—1936 年，杜威在黑山待了很长时间，常以客座讲师的身份出现在艾尔伯斯的课堂上，之后更是接受赖斯的邀请成为黑山学院的顾问。杜威认为人总在生活中学习，学校教育不能自外于社会生活而孤立存在，学习的过程牵涉到自我与外部环境的相互配合与适应，人对环境投入创造，又从环境中汲取经验，以适应未来。同样的，经验的累积亦要不断地随着社会外部的变化进行更新与修正，才能持续地为教育添加新的知识信息架构。以上，即是杜威核心的教育观点之一——"教育的本质是生活、成长、重组及改造"。

讨论杜威的教育思想，首先须得厘清他哲学家的身份和视角在动态发展过程中的确立与转变，这跟其所处的时代环境密切相关。20世纪初的美国，经由工业、商业、科技的洗礼，资产阶级逐渐崛起并成为社会的主导力量，欧陆移民文化难以再为蓬勃发展中的美国提供新的注解，以皮尔士、詹姆士为首的哲学家们一面审视当前时代与社会的流变，一面追溯西方古典哲学思想，最终发展出一套能够归纳与阐释当下美国现象的哲学新路。实用主义哲学的问世，确立了当代美国的文化价值体系和意识形态，这也是美国精神（*The Spirit of American*）的内核。杜威在《从绝对论至实验主义》（*From Absolutism to Experimentalism*，1930）这篇文章中，自述早期的哲学思想主要集中在对黑格尔的唯心主义和达尔文的演化论的学术研究和发展，之后受到实用主义哲学的召唤，使他开始从现实生活中找寻理论基础，从行动中获得并验证自身的哲学观。杜威的夫人爱丽丝·查普曼是一位热心公益并对教育事业极富热忱的女性，其夫妇俩常相携参与许多与儿童教育相关的活动，这让杜威萌生了通过教育学来普及哲学、实践哲学的想法。1894年，杜威从密西根大学转往芝加哥大学任教，两年后创立了芝加哥大学附属实验学校（The University of Chicago Laboratory Schools），试图探索"学校如何成为一个合作共同体，并培养儿童成为有创造力的公民"的教育新观念。换言之，实验学校关注的是学生的兴趣而非课程，教室被打造成充满活力的社区，孩子们参与包括手工艺、科学实验、农业耕作、杂志出版、模型搭建等一系列活动并解决所遇到的问题，个人兴趣与优势在其中得到引导与发展。尽管实验学校自1896年创校以来历经变化，但不可否认，它对儿童教育的创新意识构成了美国进步教育的雏形，也是其坚定的支持者。

1931年，哈佛大学邀请杜威在纪念詹姆士的学术研讨会上做了10次演讲，此后两三年，他对这一系列讲稿进行修改与扩充，形成一部集哲学、艺术、美学、教育思想于一体的著作——《艺术即经验》（*Art As Experience*，1934）。该书是杜威晚年的哲学心得，在书中，他定义"经验"是"活的生物（the live creature）"与"环境（conditions）"相互作用的结果、标志及回报。若将"环境"代入为包含一切自然的、社会的以及文化的条件与材料，那么"经验"则是作为有机体的人经历生活的内外反应及互感互渗，既指向心智与思维的塑造与锻炼，又显化为肉体对各项媒介材料的创造与行动。杜威重视经验，在其教育本质论中就有所体现，对"经验"的解读与建构，贯穿了他后半生的研究。他提出，当经验的主体专注地沉浸于一个事件之中，使自己的理性与感性完全融合，那么这种具有统一性质的经验即是"完整经验"。"完整经验"的一大特征是对"美"的充分感知，《艺术即经验》恰好是杜威经验哲学观在美学上的论述成果。在书的首章，他就开宗明义地讲道："美学研究的基本任务之一就是恢复艺术的审美经验和日常生活过程之间的连续性……只有先认识到普通大众化的东西具备能够提炼出美感的质性，才能够形成创造艺术作品的条件……艺术实际上是将普通经验中形成的特质进行理想化的方式"，这一段点明了日常经验是具有美感的完整经验的初级材料，对日常经验的筛取打磨，是艺术创作的第一步。然而，杜威在他的时代就已经发现，艺术并非是大众乐于体验的对象与场景，普通生活与艺术联系在一起甚至会引发敌意，这愈发使得人们认为艺术是社会生活中不具有价值的部分。其实，只要明白艺术家的表达是自身生活与文化的"经验"聚合而成，对艺术作品的欣赏和理解，不能脱离普遍的日常的语境，这有助于在意识中对"艺术形而上"的刻板印象的祛魅。

尽管距杜威书写《艺术即经验》的时代过去已近百年，社会的演进却依然充斥着许多因无法包容或者粗鲁地否定文化多元性所造成的信息闭塞、发展滞后以及种族关系紧张。艺术由日常经验发荣、滋长而来，一面牵连着文化，一面牵连着生活，其宽广的维度，具备成为人类共通的语言的可能性。现代教育思潮的兴起，把艺术由理论至方法、由视觉至感知推向了更加丰富和多维的层次。博伊斯在 20 世纪 60 年代提出"人人都是艺术家"（Jeder Mensch ist ein Künstler），主张一切的物件与人的行动都可以作为艺术的媒介，每个人都能通过自己的方式与想法参与和创造艺术，教育、改革、环保、民主、和平……这些现实的问题俱可作为艺术的主题进行实践，艺术的美感经验由此进一步地与生活连接，一种社会性的、与土地和人民直接相关的艺术形式正酝酿成型。博伊斯的主张最终形成了他著名的"扩张的艺术观念"和"社会雕塑"思想，而"教育"恰好是"扩张的艺术观念"的核心部分，也是达成"社会雕塑"的一种重要手段。博伊斯将教育视作改善社会的力量和持续的艺术行动，这种教育即艺术的理念，与包豪斯学院、黑山学院以及杜威所推崇的"学校作为合作共同体"的改革共同冲击着 20 世纪欧美的教育界，"实践性学习"和"跨学科合作"的教学方法随之逐渐普及开来，美术学院与社会生活的互动关系得到强化，参与式（介入式）艺术成为美术教学的新趋势，与此相关的美育项目和案例成为了这一趋势的生产现场，美术馆则逐渐承担起此类项目与案例的集中展示与转译的公共现场。

　　原·美术馆在 2019 年邀请倪昆先生担任展览品牌 O' Kids 儿童艺术节的总顾问和总策展人，同年 6 月推出"童奏·共奏"主题展览，确立了以展览探讨教育及公共议题的项目基调。2020 年，受新冠疫情影响，O' Kids 儿童艺术节延期至 9 月中旬开幕，这一年的主题是"儿童友好城市：Play for All"，"Play/ 游戏"在这里指向多元开放的心智启蒙与身体行动，游戏对于儿童具备天然的吸引力，但这种吸引力却会随着成长逐步褪去。提出"游戏"作为关键词，在本轮艺术节中具有多重意义，其一是展览作品面貌上具备轻松感与互动性，能让观众感到亲近并参与进来；其二是希望借由作品和文本所搭建的美术馆场域，能激发儿童的"兴趣、感受力与想象力"；其三，从邀约的学校与机构案例中，导入针对主题所梳理出的学术脉络和关键文献内容，"游戏"在此被赋予了更深远的叙事。

2020 年 O' Kids 儿童艺术节展览现场，原·美术馆

　　在一系列的关键文献中，我们首先检索到联合国（UN）在 1989 年通过决议的《儿童权利公约》，该公约设定的条款旨在为儿童创建良好的成长环境，这涉及自上而下共同的努力与实践。以公约为源头，我们关注到 1996 年联合国儿童基金会与联合国人居署发起的"儿童友好型城市倡议"，该倡议呼吁社会各界以公约为基础去改善其管辖范围内儿童生活的城市、村镇、社区或任何地方治理体系。换言之，这是一部具体事务的实操手册，指导诸如教育、公共服务、文化活动、社会生活、自然空间如何优先应对和

落实儿童的心声与需求，国家、地方政府、社区、民间社会组织、私营企业、学术界、媒体以及自然人个体都是这个倡议的实践者和利益攸关者，这些主体两两联合或者共同聚集，将会是影响巨大的行动网络。

"儿童友好型城市倡议"成为搭建 2020 年 O' Kids 儿童艺术节的内在框架，在邀约艺术家时，策展团队有意识地引导艺术家们根据自身对主题的理解去创作开放的作品，秦畅的《骆驼和问题树》由小朋友们接力创作而来，形态如同迷宫剧场，特意留有空白的墙体、半完成的泥塑，让参观的小朋友们可以继续在现场参与创作。余童的《植问》采集本土植物染成布匹、卡片，再活用美术馆上个展览遗留的材料与构筑物，打造出一个零废弃的作品现场。声音艺术家杨峥用木材和 PVC 管造出的机械互动音乐装置《彩虹琴》，鼓励观众从审美直觉出发，随心所欲组合音符序列形成小节乐章，从而开发一种非刻板非标准化的音乐启蒙方式。

艺术家秦畅互动装置作品《骆驼和问题树》展览现场，原·美术馆

艺术家余童互动装置作品《植问》展览现场，原·美术馆

由艺术家作品所组成的一楼展览现场，呈现出丰富的类型表达，小朋友们的活跃互动大致符合我们最初预设的"游戏"场域观感。二楼聚合学校创新教育案例、公益机构作品、创新教育机构的项目制案例等，展示的则是在不同工作背景下，持有相同愿景的教育者们的多样尝试，相较之下，这部分内容所承载的议题词汇更多，更细分也更具体，与儿童的生活与成长息息相关，显性契合关键文献的表述。就美术馆的角度而言，我们珍视这些案例以及背后的工作者们所启发的教育思路，原因在于，艺术节的主题及相关文本都引荐自联合国的开源文件，而这些理论与经验更多来自西方社会的实践，对于中国不具备普遍性。我们更愿意看到艺术家和机构们，结合自身所处的现状去创作去提问。每一个立足于本土语境下的思考、回应与行动，都具有独特的现实意义，在展览中产生碰撞和互动的能量，并在之后的时间里，持续绵长地回响。

云朵艺术科学实验室学生装置作品《竹音派对》展览现场，原·美术馆

2020年的儿童艺术节闭幕之后，美术馆和总策展人对展览进行复盘。会上对"Play for All"与"儿童友好城市"两个概念重新解析，在策划之初，我们原本设想将"Play for All"作为一个长期的研究方向，通过几年不同的分主题与子项目较为系统与清晰地诠释"游戏"与儿童权利、教育、城市空间、生态等细分领域的关联，然而实际对比后，我们都认同"儿童友好城市"这一概念在以上我们希望讨论的议题中，更具备广泛性与

延展性。在"儿童友好城市倡议"中有这么一段话："儿童福祉是健康人居环境、民主社会和善政的最终指标。让孩子们失望的社会所付出的代价是巨大的。社会研究结果表明，儿童早期的经历对他们未来的发展有显著影响，儿童的发展历程决定了他们一生对社会的贡献或代价"。既然外部阻滞重重，那就只能让自己成为推动者，变革者，努力挣脱被束缚住的身心，去主动拥抱和宣讲一种有希望的城市图景。毕竟，我们如何应对现在，决定了我们将会面对怎样的未来。

由此在 2020 年底，启动次年的 O'Kids 儿童艺术节内容策划时，美术馆正式对外宣发"儿童友好城市"成为与总策展人倪昆先生共同设立的三年期研究计划。尽管全球范围内已有不少受联合国认可的儿童友好的地方治理体系，国内当时却只有深圳正在申建，这是首次，一个中国的美术馆平台，通过艺术与教育的方式将"儿童友好城市"介绍给公众，并致力于将其摊开来，展示细微处的智慧与合理性。

2021 年，总策展人倪昆先生提出"儿童友好城市 II：艺术行动者"作为艺术节的主题，"行动者"一词来自法国社会学家拉图尔、卡隆和约翰·劳在 20 世纪 80 年代立足于人类学视角下提出的社会学分析方法"行动者网络理论"，拉图尔解释"行动者"既可以指人类（humans），也包括观念、技术、生物、组织、思想等非人的因素（non-humans）。"行动者"具有能动性与广泛性，并在整体系统中时刻都发生着作用，对其的分析和评估要在行动的过程中展开。"儿童友好城市"的讨论进行到第二年，艺术在这一阶段已然超越单一表意，与"行动者"的词汇组合，产生出新的关系结构，即策展人所提到的"艺术在当前社会语境下的身份转向和功能拓展……作为社会的另类联结方式所激发出的革新性（创造性）行动等"儿童友好城市"里的"艺术行动者"，突出和强调"艺术"在真实社会互动进程中的创造性实践以及"儿童／教育"场域里的潜在价值（或者说是特殊价值）"。策展人对主题的阐述，是一段艺术塑造理想社会的现代性构想，从这个角度去理解，展览的参与艺术家与社会机构的工作可被视为不同程度对当前现实的抽身反向。最典型的例子来自艺术家于伯公展出的两个长期项目，一是艺术家通过研究沙盘游戏搭建的"内心之帐"，二是作为发起人创立的"移动的学院"，两个项目都聚焦于为当下社会的精神困境和心理压力寻找缓解途径，于伯公认为自然知道一切答案，其实施的项目也多围绕"自然"母题展开。"移动的学院"将"实践可持续发展的教育和生活方式"作为目的，并基于成员身体力行的行动而进行思维训练与学习拓展，尽管将"自然"与文化生产并置对话的案例并不少，但于伯公的诸多创造仍然是对以高效经济价值为运作标准的社会在某种程度上的"叛离"，揭示了艺术教育法在不断被制造被强化的"主流"缝隙中的游牧和流动，碰撞和协商。

O' Kids 儿童艺术节展览现场，原·美术馆，2021 年

艺术家李随唐综合材料装置作品《城市的使用办法》展览现场，原·美术馆

四川美术学院艺术教育学院生态美育行动计划"生态客厅"展览现场，原·美术馆

艺术家于伯公互动心理测试装置作品"内心之帐"展览现场，原·美术馆

"移动的学院"展览现场，原·美术馆

2021 年 9 月 30 日，国家发展改革委、国务院妇儿工委办公室等单位联合出台《关于推进儿童友好城市建设的指导意见》，地方政府与社会企业相继掀起一轮建设热潮，跟风不断。在艺术节闭幕之后的复盘会上，大家既欢欣又隐觉担忧。一方面，是对这一概念被更广大的群体知晓，以及国家层面的正向推动而备受鼓舞，另一方面，基于长期的研究，我们知晓这是一套严谨、复杂，需要举全社会之力共同建设的未来城市系统，对短期经验的过度依赖并不适用于操作这件事情。年底，策展团队启动 2022 年的艺术节策划，也许是看到所推动的事情有了巨大的社会性质的进展，也许是感慨三年即将结束，策展人提出的主题是"儿童友好城市Ⅲ：一场事先张扬的运动"，对这一策展项目率先于历史进程的发布预判给予充分肯定。反思过去两年，总能从遗漏中发现可提供希望与鼓舞的细节，正是无数细小瞬间的汇聚，让我们明确与儿童友好相关的探究远不能止步于此。下一阶段的工作始终是建立在这一阶段的成果之上，"儿童友好"即便隐入幕后，依然会牵引不同侧重方向的内容集结，且融于其中共存。

艺术家雷磊影像互动装置作品《一个人的美术电影制片厂》展览现场，原·美术馆

艺术家组合 Aung Ko & Nge Lay（缅甸）综合材料装置作品《The Other Side of the Wall》展览现场，原·美术馆

四川美术学院艺术教育学院社区公益教育实践项目"来，来耍！——大学城南路56号附8号"展览现场，原·美术馆

"儿童友好城市"无疑是人们投射美好希望的界面，只因其关乎孩子，也关乎健康安全可持续的（自然）环境建构，于是精神与行动上便多了一层利他的觉悟，几乎所有参与者都体察到一种自发的动员和使命的感召。这一年，艺术节邀约到了专注乡村建筑实践的"無名营造社"，以贵州黔东南侗族地区民居屋架为原型，设计出一个只适合小朋友身体尺度进入的坡顶木构筑物，并延请黔东南的木工匠，使用当地木材加工后，运输至美术馆拼装组合。大屋顶毫无意外成为现场聚集最多人流的作品，孩子们在内部与外部，屋顶与地面攀爬穿梭，观察结构，形成对话。建筑设计具有的无限性、表达性与艺术性带给展览新的思考。"無名"脱离了城市中心叙事论，将失落的地方建筑形态与工艺技法当作样本，在研究与保育之外，充分融入创新并使其更生。经年扎根在地方，与当地工匠共同工作，结成友谊，"無名"或不再是一个外部的、后来的观察者和闯入者，在地之建筑也不再仅作为遗迹在历史夹缝中落灰，而是通过一群人的重拾，迸发出新的活动与张力。

倪昆先生与O'Kids儿童艺术节的长期合作，赋予了项目多元的潜质以及批判反思的精神，尽管受资金、空间、人力等限制，每一届的内容呈现多少会有些波折和调整，

"無名营造社"杉木木构装置作品《瞧！这是一个大屋顶》展览现场，原·美术馆

但艺术节始终以具体作品抛出议题，积极展示教育与艺术动态而交织的互构关系，叩问艺术介入社会层面以及公共事务领域的协作可行性，以平等视野将艺术家、学校、机构的工作介绍给大众。这些思想微光与大胆行动，像匍匐于戈壁绝境的蚁群，不断攀越过碎石沙砾向绿洲前进，或许有一天，我们站在已到的未来向后看，来路上一道道清晰的辙印，是我们所有人前赴后继为此努力过的证明。

2023 年的艺术节，我们再提"行动"的概念，只是这一次，"径流（Runoff）"成为主题，"行动"加上了艺术与教育的前缀。策展人解释，"径流"是气候学里的专有名词，指降雨及冰雪融水或者农业生产浇水在重力作用下沿地表或地下流动的水流，起着维系生态水平衡的突出作用。用"径流：艺术与教育的行动场"来开启新阶段的对话，显示了策展人对现实境况的敏锐把握。2021 年，联合国宣布启动"生态系统恢复十年"行动计划，表示未来十年是生态修复最关键的十年，呼吁人们共同参与全球生态修复事业，以减缓、制止和扭转生物多样性丧失、气候破坏和污染加剧的三重环境威胁。同年，教科文组织发布"教育的未来"报告，提出教育在应对当前的脆弱性和未来的不确定性等艰巨挑战方面发挥着至关重要的作用，教育也是解决资源不平等、生态可持续、妇女与儿童等弱势群体权利缺失的关键手段。这些都揭示了既有现状与未来期许之间的鸿沟与冲突，也再次警示我们，将"生态"与"教育"作为全人类共同利益与共同事业的必然性与迫切性。策展团队有意识地增加了相关内容的邀约比例，在不同类型的艺术家作品中梳理教育的线索，又在众多的教育案例中编织艺术的视觉逻辑，每一个板块皆呈现对主题深刻而扎实的回应，令观众不得不直视这次艺术节的思想核心。现场丰富而广阔的向度，再一次地把艺术、教育以及各个行业和领域的文化价值与存在意义从麻木和瘫痪的同质化系统中解救出来，凝聚为一种超越性的对自我和更大外部的反省与审视。

艺术家赵谦综合材料装置作品《单脚跳跃的大象》展览现场，原·美术馆

丰雨谷自然＋研学营地学生作品《鱼菜共生系统——打造低碳农业》展览现场，原·美术馆

北京当代艺术基金会乡村美育项目与可持续设计优秀作品展览现场，原·美术馆

艺术与科学板块，重庆市渝中区德精小学、重庆市沙坪坝区树人小学、重庆市沙坪坝区上桥南开小学校作品展览现场，原·美术馆

有云朵艺术科学实验室学生作品《童话社区》展览现场，原·美术馆

　　不管是 2019 年的"童奏，共奏"，还是 2020 ～ 2022 三年的"儿童友好城市"，抑或是 2023 年的"径流"，目下的回顾是基于已然走完这五年的路，可以勉强用"千帆过尽自从容"般的稍远稍宽的视野去感知当时的心境历程，而非陷入时间的真空胡乱言语。今天看来，O'Kids 儿童艺术节依然充满创见与实验精神，紧贴着瞬息变化的社会浪潮，汲取先进思想资源，推动艺术、教育与现实问题的同频共振，转化发散。艺术节的文化生产不仅涉及艺术与教育的基本内容，同样也将眼光放置在更宏观的善政举措、城市建造、生态修复等领域，看似这些问题各不相关，但只要静心细思，就会明白它们与我们唇齿相依的复杂关系，也就有助于去理解，为何每一年我们会通过不同主题去反复地提及，主动地设问。唯有直面真实的世界，才能保持醒觉，在密不透风的混沌现实中严守质疑与争辩的空间，这是身为美术馆机构无法回避的，也是不可推卸的存在义务。

Chapter 4

气候、水系、城市与艺术生态

气候变化艺术

—— 激活生态美育的创新实践

文 / 杨静

人类活动导致的气候变化是当前全球面临的主要环境挑战。自工业化以来，人口和经济增长推动了温室气体排放量的显著增加，使得大气中二氧化碳、甲烷和氧化亚氮的浓度达到 80 万年来的最高水平。联合国政府间气候变化专门委员会（IPCC）2018 年发布了《全球升温 1.5 ℃特别报告》，指出人类活动估计造成了全球平均气温比工业化前升高了约 0.8 ~ 1.2 ℃。如果继续以目前的速度升温，全球气温可能会在 2030 ~ 2052 年达到 1.5 ℃。这种变暖引发了包括冰川消失、海洋酸化和极端天气在内的多种灾难性影响，对人类和自然系统产生广泛影响。如果不采取立即和有力的减排措施，全球平均温度将继续上升，从而引发不可逆转的生态系统破坏和社会经济后果。

气候变化问题以其长期性、宏观性、专业性、隐蔽性和紧迫性的特征，对全球构成了前所未有的挑战。这一复杂问题的性质使其成为蒂莫西·莫顿（Timothy Morton）所定义的"超物"——一种超越传统理解和感知范围的实体，其存在不仅跨越时间和空间的广泛维度，也呈现出难以被个体直观感知和完全理解的特性。[1] 气候变化不同于日常可见的天气变化，它是一个长期累积的过程，其影响和后果跨越了地理和代际边界，要求我们超越局部视角，以全球视野审视这一事件，然而，气候变化的隐蔽性常常使得大众难以理解其全貌和紧迫性。对气候变化问题的观察和解读需要专业的科学知识，除了科学界，普通民众往往缺乏直接感知气候变化的能力，部分原因在于其变化过程超出了个人直接经验的范围。这也为否认主义者提供了借口，加剧了公众对这一威胁全人类的紧迫问题的分歧和误解。

---

1 蒂莫西·莫顿认为气候变化是典型的超客体现象，因为它充分展现了超客体的五个主要特性：黏性、非局部性、相位性、时间波动性和互对象性。气候变化与地球上几乎所有生命形式和系统紧密联系，人类和非人类行为者很难避免或摆脱它们的影响。它的影响不限于某个特定地点或区域。气候变化以不同的方式和不同的时间尺度显现；它可能在某些地区表现为持续干旱，在另一些地区表现为频繁洪水，而这些现象可能会随时间而变化。气候变化在时间上的波动性体现在其影响的长期性和不可预测性。一方面，气候变化的某些影响（如温室气体排放）可能需要数十年乃至数百年才能显现；另一方面，气候系统的内在变异导致其影响在不同时间以不同方式表现出来。气候变化还通过不同对象和系统之间的相互作用展现其特性，它不仅通过极端天气事件直接影响人类社会和自然环境，它还通过影响农作物生长、改变动物迁徙模式、加剧资源冲突等间接方式，在更广泛的层面上展现其影响。

气候变化问题要求我们超越传统的环境保护视角，采用更加全面和多维的方法来理解和应对。我们不能单靠个别国家或个体的努力来应对，而需要全球性的合作和跨学科的努力。这不仅包括科技创新和政策制定，也包括公众教育和意识提升，以及生产和消费模式的根本性改变。应对气候变化不仅是科学家和政策制定者的责任，也是全人类共同的责任。通过跨领域合作、科技创新和全球公民的参与，我们才能有效应对这一全球性挑战，实现可持续发展的未来。

气候行动拒绝文化的真空，而艺术可以在大众对气候变化危险的文化觉醒中发挥关键作用。近年来"气候变化艺术"已经成为国际艺术界的热词，位于文化、媒体关注和对话的最前沿。气候变化艺术聚焦于全球气候变化这一具体议题，特别是人类活动如何导致全球变暖极其广泛的环境和社会经济后果。气候变化艺术旨在通过各种媒介和方法——包括装置艺术、社会参与式艺术、行为艺术、数字媒体艺术等——探索和表达了气候变化的多重维度，包括其科学、社会、文化和情感层面，增强公众对气候变化的认识、理解和行动。

气候变化艺术的兴起为生态美育提供了新的视角和动力。气候变化艺术超越了对自然生态系统的单一关注，将环境问题置于全球政治、文化、经济和社会的宽广背景中考量，表明生态危机并非孤立存在，而是与广泛的人类活动和系统紧密相连。通过提供一个多维度的视角，气候变化艺术鼓励不同的看法和方法，促进跨学科的对话和合作，进而推动社会和文化向更可持续的方向转变。因此，气候变化艺术在生态美育中显得尤为重要。生态美育是一个跨学科的教育理念，它结合了生态学、美学、艺术教育和环境教育的元素，旨在培养个体对自然环境的深刻理解、欣赏和尊重，以及积极参与环境保护的意识和行动。生态美育的核心在于通过艺术和美学的视角，促进人们对环境和生态系统的感知、情感联结和价值认同，从而激发对生态环境的保护和维护的积极行动。生态美育不仅关注传统意义上的艺术创作和审美经验，更强调艺术与环境之间的互动和对话。它扩展了美育的范畴，将注意力从人类中心的美学转移到更加全面地理解和欣赏自然界的复杂性和多样性上。在这一理念下，自然不仅是艺术创作的对象或背景，也是与人类共生共存的伙伴，其本身就具有无可比拟的美和价值。生态美育力图构建一种新的文化范式，其中人与自然和谐共生，个体行为受到生态伦理的指导，社会发展朝向更加可持续和生态友好的方向前进。

气候变化艺术不仅作为一种教育工具，帮助学生和公众更深刻地体验到气候变化的实际影响，理解复杂的环境问题，培养对环境的情感联结和责任感，也作为一种灵感来源，激发创造性思考和解决问题的能力。纵观当前全球气候变化艺术实践，艺术家通过三种主要的途径介入气候问题，这三个途径共同构成了气候变化艺术的核心焦点。首先，艺术家们通过可视化的手段将气候数据、模型预测以及其对自然界和社会的广泛影响转化成图像、装置、表演和多媒体作品，使得气候变化的复杂性和紧迫性以更直观、易懂的方式呈现给公众，有效弥补了科学表达的局限。其次，艺术家将全球性的气候变化议题与地方性经验相结合，让公众将全球变暖的宏观叙事联系到自身的日常生活和本地社区的具体情境中，深化对气候变化地方性影响的理解。最后，艺术家们通过创新性的艺术实践为解决气候问题提出了多样化的创造性解决方案，这不仅包括艺术与社区合作激发的社会行动艺术，还涵盖了艺术与设计的结合、艺术家与工程师、科学家的跨学科合作项目。这些途径展示了艺术在激发公众对气候问题认识、促进跨学科学习和激发行动力方面的独特价值和潜力。下文中，笔者将结合具体的气候艺术案例，从以上三个途径来探讨气候变化艺术如何作为教育资源和方法，为生态美育作出贡献。

1. 视觉化气候知识：艺术作为生态美育的桥梁

艺术家通过绘画、雕塑、影像、装置艺术等多种形式，一方面将抽象的气候数据和概念转化为直观、感人的视觉体验，使得复杂的科学信息变得易于理解和接近，另一方面直观展示气候变化的影响，如冰川融化、极端天气事件等，激发观众的情感反应和环境意识。

希瑟·戴维斯和艾蒂安·特平曾经指出，科学数据的可视化是人们感知人类世界的首要途径，我们正是通过各种各样的地图、卫星照片、计算机模型和统计分析图表理解地球环境发生的各种变化。[1] 艺术家通过将气候变化科学数据与视觉图形和材质的美学感染力结合，使公众不但能更轻松地接触到这些数据，而能从全新角度理解气候变化问题。例如美国艺术家、雷丁大学的气候科学教授、美国国家大气科学中心（NCAS）公共参与项目的学术负责人爱德华·霍金斯（Ed Hawkins）的工作在生态艺术教育和生态美育中扮演了一个极其重要的角色。通过将复杂的气候数据转化为直观、易于理解的可视化图形，霍金斯不仅使全球变暖的信息更加易于公众接触和理解，而且通过艺术的形式提高了这些信息的情感影响力和教育价值。他的气候螺旋线和变暖条纹图形，尤其是"#Show Your Stripes"倡议，鼓励公众参与和共享，这不仅增强了作品的影响力，

1　Heather Davis and Etienne Turpin, *Art in the Anthropocene*：*Encounters Among Aesthetics. Politics*，*Environments and Epistemologies*（London：Open Humanities Press，2015）.

也体现了生态艺术教育的一个重要目标——促进社区和全球公民的参与和对话。[1]

美国波士顿的概念艺术家纳塔莉·米巴赫（Nathalie Miebach）通过将气象数据转化为三维雕塑和乐谱，探索人与极端天气的相互作用。自 2006 年起，米巴赫在科德角记录天气变化，并利用绳索、木头珠子等日常材料，以芦苇篮筐编织技术将这些数据呈现为雕塑。她的创作不仅是科学数据的视觉呈现，也融入了反映人类情感和经历的元素。通过与音乐家合作，她还将天气数据转换为音乐，提供了一种通过声音体验天气变化的方式。米巴赫的作品跨越艺术、科学和音乐领域，挑战了艺术与科学视觉语言的传统界限。

米巴赫的创作首先提供了一种创新的教育工具，帮助人们以直观的方式理解复杂的气象科学和气候变化问题。通过将抽象的数据转化为具体的视觉和听觉作品，米巴赫的艺术使得科学信息变得更加接地气，容易被公众理解和感受。其次，米巴赫的跨领域方法强调了艺术与科学之间的深度互动关系，展示了艺术在传达科学知识和促进环境意识中的独特价值。

霍金斯和米巴赫等艺术家的工作不仅是将科学研究转化为艺术表达的典范，也是促进公众对气候变化认识和行动的有效工具。他们的工作展示了艺术和科学跨界合作的巨大潜力，为如何利用艺术手段教育公众、激发情感联结以及鼓励观众反思人类活动与自然环境的相互影响提供了宝贵的启示，拓宽了生态艺术的表达范围。

气候变化不仅是科学数据的视觉表达，也包括对气候变化影响的美学表达。正如前文提到，气候变化是长期且不易察觉的过程，人们实际上是通过气候变化影响自然界和生态圈造成的可见的后果来感知和相信气候变化问题。全球变暖导致珊瑚灭绝已经广泛引起了科学界的重视，也吸引当代艺术家将传统的材料和媒介与这一灾难性后果结合起来，创作出令人叹为观止的作品。克里斯汀·沃特海姆（Christine Wertheim）和玛格丽特·沃特海姆（Margaret Wertheim）姐妹通过"钩针珊瑚礁"项目，利用手工编织艺术探讨气候变化对珊瑚的影响。该项目是一个全球性的社区艺术活动，让普通公众，特别是热爱编织的女性，能参与有关数学、海洋生物学、全球变暖和环境保护的科学讨论，提高公众对气候变化和海洋生态系统危机的认识。

1　霍金斯发起的"#Show Your Stripes"倡议于 2019 年 6 月 17 日启动，公众可以免费下载和共享针对特定国家或地区定制的图形。

纳塔莉·米巴赫，飓风诺埃尔，芦苇、木材、塑料、数据，约 80cm×80cm×90cm，2010 年

"钩针珊瑚礁"通过艺术的形式使气候变化的抽象概念具体化，让参与者能直观地感受到全球变暖对海洋生态系统的影响，增强了公众的生态意识和环保责任感。其次，这个项目通过编织活动促进了科学知识的普及，参与者在创作过程中了解到珊瑚生物的结构、生态系统的复杂性以及数学模式在自然界中的应用，从而激发了公众对科学和自然界深层次认识的兴趣。此外，"钩针珊瑚礁"项目体现了社区参与和集体创造的力量。通过全球性的社区艺术活动，它聚集了来自世界各地的人们共同参与创作，不仅展现了多样化的文化视角，也促进了环境保护的国际合作和交流。这种社区艺术实践强调了生态美育在促进社会团结、文化多样性以及增强公众行动力方面的重要作用。

2. 融合全球与地方：艺术在生态艺术教育中的叙事力量

通过将全球叙事与在地经验相结合，艺术家们能够揭示气候变化如何影响特定社区和生态系统，从而增强公众的共鸣和参与感。这种方法通过讲述个人和社区的故事，强调了气候变化的紧迫性和对行动的需求，同时也展现了人类与自然之间的深刻联系和相互依赖。

IPCC 2023 年综合报告指出，全球平均海平面在 1901—2018 年上升了 0.20 米左右。由于持续的深海加热和冰盖融化，海平面在未来几个世纪到几千年内都会持续上升。美国国家海洋和大气管理局的 2022 年海平面上升技术报告分析指出，在接下来的 30 年内（2020—2050 年），美国海岸线沿线的海平面预计将平均上升 0.25～0.30 米，这将与过去 100 年（1920—2020 年）测量的上升量一样多。[1] 根据目前的海平面上升速度，科学家预言国际大都会纽约的大片区域将在 2100 年到来前被海水淹没。[2] 美国艺术家陈貌仁（Mel Chin）在 2018 年纽约时代广场展出的大型公共艺术装置《唤醒》（Wake）和《无系泊》（Unmoored）通过结合传统雕塑和虚拟现实技术，创造了一个沉浸式的水下世界，以此响应 IPCC 报告关于全球海平面上升的预警。《唤醒》以约 18 米（60 英尺）长的混合体雕塑展示，象征着搁浅的鲸鱼和沉船，前端是一尊 21 英尺高的女性雕塑，呼应胜利女神的形象。《无系泊》利用微软 HoloLens 虚拟现实技术，让观众在时代广场上空见证由船只和海洋生物构成的虚拟水世界，也使观众对海平面上升的严峻现实有

1　W.V. Sweet et al，"Global and Regional Sea Level Rise Scenarios for the United States：Updated Mean Projections and Extreme Water Level Probabilities Along U.S. Coastlines，" *NOAA Technical Report NOS 01*（National Oceanic and Atmospheric Administration，2022）：XII.

2　2023 年 4 月 20 日，ABC 新闻发布的一篇文章预计了纽约市的海平面上升情况，到 2050 年可能上升 20～76 厘米，到本世纪末可能上升 38～190 厘米。

了直观的感受。

通过将科学数据和未来预测转化为具体的艺术体验，这一作品促进了公众对气候变化对自己生活的影响产生深刻理解和情感共鸣。通过引入高科技元素和互动体验，这件作品也探索了艺术与技术结合在生态教育中的潜力，展示了艺术在促进环境保护意识和行动中的创新途径。

尽管气候变化是一个全球性问题，但这并不意味着全人类在平等承受这一巨大的环境灾害带来的后果。IPCC 2023 年综合报告指出，气候变化将放大对自然和人类系统的现有风险并产生新的风险。风险分布不均，并且通常对各发展水平国家的弱势群体和社区的影响更大。[1] 贫穷国家因没有足够的能力解决海平面上升、疾病传播及农作物减产所带来的问题，气候变化的影响将比发达国家更为严重，数以千计的人将沦为气候难民。气候变化问题凸显了全球化的背景下，不公正的国际政治和经济格局对发展中国家人民的影响。露西·R·利帕德（Lucy R. Lippard）指出，"气候正义"应同时包含"对大气中的碳和地面上的不平等的关注"，"生态可持续性与社会可持续性是不可分割的，这是生存的基本必需。"[2] 在 "全球——在地" 叙事中倡导气候正义，确保弱势群体不会受到环境退化的严重影响成为众多气候艺术家创作的关注焦点。

最新研究表明，塑料在其整个生命周期中，从化石燃料的开采和运输，到塑料的精炼和生产制造，到塑料废弃物的管理，再到塑料废弃物进入海洋、水体和陆地环境，都在持续排放温室气体。如果塑料产量和使用量持续按照目前的计划增长，预计到 2030 年，塑料的温室气体排放量将达到每年 13.4 亿吨，到 2050 年可能增至 28 亿吨，相当于 615 个 500 兆瓦燃煤电厂的排放量。[3]

尼日利亚艺术家 Bright Ugochukwu Eke 的作品《防护罩》是由废弃塑料袋制成的雨衣和雨伞构成的装置。他和助手们从满是垃圾的街道上收集了数千个丢弃的塑料水包装袋，将它们撕开并铺平，沿着边缘熨烫在一起，然后将所得的塑料片切割并组装成雨衣和雨伞。这里存在一个明显悖论，雨衣雨伞等防护设备是保护人们免受外界伤害的，但是塑料袋本身却在对地球环境造成伤害并加剧气候危机。从更深层次上说，Eke 的创

1 IPCC，*Summary for Policymakers*，in Climate Change 2023：*Synthesis Report*（Geneva：IPCC，2023），p.4-6.

2 Lucy R. Lippard，*Describing the Indescribable：Art and the Climate Crisis*，*The Routledge Companion to Contemporary Art*，*Visual Culture*，*and Climate Change*（2021）：46，50.

3 瑞士日内瓦国际环境法中心，《塑料与健康：塑料星球的隐藏成本》，深圳市零废弃环保公益事业发展中心译，2019 年 7 月 11 日。

作彰显了不公平的国际经济秩序给发展中国家造成的环境灾难。尼日利亚经济严重依赖石油开采和出口。因为该国在法律和行政层面上都缺乏有效的污染管控，尼日利亚的环境受到石油开采和石化产业污染，导致民众不得不使用装在塑料袋中的饮用水，进一步加剧了塑料垃圾问题。人们饮用这些塑料包装袋里的水是为了逃避石化工业造成的水源污染，而这些塑料袋子本身就是石化工业的产品，对塑料包装的大量需求反过来会加大对石油的需求，反过来加剧环境污染和气候问题。Eke 的创作通过艺术的形式直观地展现了塑料污染和气候变化的紧迫问题，提升了公众的生态意识。其次，这种创作方法鼓励观众反思个人和社会的消费行为及其环境后果，促进了跨学科学习和批判性思维。此外，Eke 的作品强调了气候正义的概念，指出了全球环境危机中的不平等问题，激发了公众对全球责任感的认识和对气候行动的参与。

3. 创新解决方案：艺术驱动的气候行动与跨学科实践

艺术不仅是揭示问题的工具，也是探索和实施解决方案的平台。这一部分案例着重于艺术如何促进社区参与、材料创新、跨学科合作等，提供面向气候变化问题的创造性解决方案，强调了艺术在激发公众参与气候行动、共同探索气候变化解决方案中的核心作用。

面对日益严峻的气候变化问题，生态行动主义艺术成为了艺术家参与公共事务和历史进程的一种强有力的途径。[1] 通过将艺术与社会参与结合，艺术家们不仅仅是在创作具有视觉冲击力的作品，更是在通过这些作品来传递关于环境保护的重要信息，唤起公众的环境意识，并推动社会和政治行动。这些作品往往围绕着如何减少对化石燃料的依赖、促进可持续能源的使用等主题，直接或间接地影响公众认知和政府的能源政策。艺术家通过参与式艺术项目、公共艺术装置、行为艺术表演等多种形式，使得复杂的气候变化议题更加贴近大众，更易于理解，同时提供了一个讨论、互动和行动的平台。

美国当代街头艺术家、平面设计师、活动家、插画师弗兰克·谢泼德·菲雷（Frank Shepard Fairey）自 1990 年以来一直积极参与环保活动。2021 年初，菲雷与美国的绿色和平组织合作，设计海报敦促新上台的拜登政府停止对化石燃料企业补贴，兑现绿色新政的承诺以实现气候和环境正义。简洁明快，对比强烈的海报画面彰显了优先考虑气候和环境正义还是任由化石燃料公司破坏气候和环境将导致的截然不同的将来。绿色

1　T·J·德莫斯、石盼盼，《可持续性之艺术与政治》，《新美术》，2018 年第 6 期，第 10-28 页。

和平组织在全球范围内的运动中共享菲雷设计的海报。他的作品展示了艺术如何通过跨学科合作——结合环保活动、政治运动和视觉传达设计——提供创造性的解决方案。菲雷的海报作为一种视觉传达工具，有效地将气候变化的紧迫性和行动的必要性传递给广大观众，为公众提供了参与解决气候变化问题的新途径。

在 2013 年 11 月于纽约皇后博物馆（Queens Museum）举办的展览中，墨西哥艺术家佩德罗·雷耶斯（Pedro Reyes）组织了一场汇集了 193 名代表各国的有移民背景的纽约人。通过心理学、戏剧和艺术的方法，参与者探讨了世界尚未解决的外交问题。作为活动的一部分，雷耶斯提供蚱蜢汉堡，意在突显肉类消费对环境的影响，并提倡昆虫蛋白作为未来食物的可持续选择。[1] 这一具有挑衅性的行为不仅是一场艺术表演，也指向了全球食物短缺问题的潜在解决方案，挑战西方对食用昆虫的偏见，同时响应联合国粮农组织对昆虫养殖推广的呼吁。

佩德罗·雷耶斯的这一作品不仅是一次成功的艺术实践，更是生态艺术教育和生态美育领域的重要案例。通过具体的艺术行为——提供蚱蜢汉堡，向观众展示了一种可持续的食物消费选择，直接关联到生态美育中关于可持续发展和环境责任的教学。这种行为艺术作为一种教育工具，不仅传达了关于食物安全和环境保护的重要信息，还以实践的方式促进了公众的参与和行动，展现了艺术在解决实际环境问题中的应用。

更多的艺术家通过创新性地利用材料，特别是废旧塑料，提供了应对气候问题的创造性解决方案。艺术家丹·彼得曼（Dan Peterman）选择使用回收塑料制作他最著名的作品，一张位于芝加哥的千禧公园的 30 米（100 英尺）长的野餐桌"跑步桌"（Running Table）。[2] 作品中含有的可回收塑料相当于 200 万个可回收塑料瓶。2011 年，在新加坡举行的临时公共艺术展览和研究项目"中心到中心"的一部分，艺术家沃尔夫冈·韦勒德（Wolfgang Weileder）用在英国制造的再生塑料材料建造了作品《吊脚楼》。不同于东南亚非常普遍的用竹木材料建造的传统吊脚楼，韦勒德为他的再生塑料吊脚楼设计了穿孔的黑色墙壁，为参观者提供了一个既有私密性又能感受周围土地和城市景观的空间。丹·彼得曼和沃尔夫冈·韦勒德展示了如何将废弃物转化为具有实用价值和美学价值的作品。这些作品不仅引发了关于废物再利用和循环经济的讨论，也激发了公众对

1　Katherine Brooks，*Pedro Reyes Is Solving The World's Problems，One Art Performance At A Time*，HuffPost，November 11，2013（11）.

2　《跑步桌》最初于 1997 年安装在芝加哥的格兰特公园，这件作品于 2009 年夏天重新安装在芝加哥的千禧公园内。

于可持续生活方式的思考。这种艺术实践在生态美育中的应用，展示了如何通过创造性思维解决环境问题，同时也强调了艺术教育在培养环境意识和可持续发展价值观方面的重要性。

　　面对气候危机，世界各国的科学家、工程师和企业家都在积极研究开发新能源取代传统化石燃料，他们将目光转向天空，从太阳和风得到无穷无尽的清洁能源。《飞行世》是阿根廷艺术家托马斯·萨拉切诺（Tomás Saraceno）发起的一个开源艺术项目，旨在通过融合艺术、科学和社区参与，探索对抗气候变化的新途径。项目自 2013 年启动以来，迅速发展成为跨学科合作的典范，吸引了全球的艺术家、工程师、建筑师、气象学家、地理学家、探险家、气球飞行者等共同参与。该项目的标志性作品之一是"空气太阳能博物馆"，通过将回收塑料袋制成的巨大无燃料热气球在空中飘浮，象征着一种无碳排放的飞行方式。这些热气球不仅是艺术装置，也展示了一种环境友好的能源利用方式，挑战了传统的能源消费模式，并激发了人们对于未来可持续生活方式的想象。

　　从生态艺术教育和生态美育的角度看，《飞行世》不仅是对气候变化解决方案的创新探索，也是一种新的教育模式。该项目通过艺术和科学的融合，提供了一个实践平台，让公众直接参与到气候行动中来，增强了环境保护的意识和参与感。通过社区合作和跨学科交流，它强调了集体努力在应对气候危机中的重要性，同时也促进了对生态系统复杂性的理解和尊重。《飞行世》展示了艺术如何作为生态美育的桥梁，连接人与自然，启发公众通过创造性思维寻找和实施可持续解决方案，为培养具有生态责任感的全球公民提供了新的视角和方法。

　　以上气候变化艺术案例揭示出两个关键的成功经验。首先，跨领域合作的重要性不容忽视。正如露西·R·利帕德曾谈到，艺术可以通过视觉的震撼和微妙的引导来撼动传统的知识。最理想的情况下，它能引导我们去观察、看见、理解，进而行动。她指出，面对气候危机，艺术家最重要且充满希望的任务之一，就是与个人和组织合作，修复和恢复受创的大自然。艺术家无法独自改变世界。然而，借助良好的盟友和勤奋的努力，他们可以与生命本身合作。艺术家作为叛逆者的流行形象使他们能够自由地想象超出预测的情境和结果。[1] 艺术家通过跨领域合作汇聚科学、艺术、教育和社会政策等多个领域的知识与技能，打造出既准确又能触动人心的艺术作品，这种协作不仅拓宽了艺术的

1　Lucy R. Lippard，*Describing the Indescribable：Art and the Climate Crisis*，*The Routledge Companion to Contemporary Art*，*Visual Culture*，*and Climate* Change，2021.

丹·彼得曼，芝加哥千禧公园内的"跑步桌"

边界，也为气候变化艺术创造了一个全新的、更具吸引力的传播平台。其次，在传达气候变化的严峻性的同时，强调可行的解决方案和积极的未来视角，对于激发公众的希望和行动至关重要。这种方法可以帮助缓解公众可能感到的无力感和焦虑，转而激发积极参与解决问题的意愿。通过展示实际的行动步骤、成功案例或未来的乐观设想，艺术作品可以成为启发创新和促进变革的强大力量。

通过创造性地将复杂的气候数据和概念转化为感人肺腑的视觉和听觉作品，气候变化艺术家们极大地提升了公众的生态意识，使人们更加关注和理解气候变化对自然和人类社会的深远影响。此外，这些艺术作品通过其独特的美感，发展了观众的审美能力，让人们在欣赏艺术的同时，也感受到了自然的美丽和脆弱。更重要的是，气候变化艺术跨越了科学与艺术之间的界限，为生态美育提供了一个跨学科的平台，通过跨学科的方法探索和讨论环境问题，促进了科学、艺术、文化和社会学等多个领域之间的对话和合作。此外，气候变化艺术的实践不仅激发了观众的创造性思考和解决问题的能力，也鼓励了人们以实际行动参与到环境保护中。同时，它也强调了个体和集体在全球环境保护中承担的责任，培养了观众的全球责任感。气候变化艺术有效地实现了生态美育的核心目标，为促进一个更加可持续和环境友好的未来作出了重要贡献。

本文阐述的全球气候变化艺术的案例和经验无疑为中国的生态艺术教育和生态美育提供了宝贵的借鉴。在教育领域，如果将气候变化艺术整合进学校和社区教育项目和课程中，能够促进学生和社会大众不仅学习关于气候变化的知识，更重要的是学会如何通过创造性思维和艺术实践参与到气候行动中。气候变化艺术将科学知识与艺术创作相结合，使学习者能够从多角度理解和探索环境问题。这种教育方式鼓励学习者积极参与环境保护，通过艺术创作表达自己对气候变化的看法和解决方案。它不仅促进了跨学科的学习，还鼓励学习者从多角度、多感官地体验和思考气候变化问题。这种教育方法强调了个人和集体在应对气候变化中的作用，鼓励人们探索和实践可持续的生活方式，不仅增强了个体的创造力和批判性思维能力，也激发了他们对积极行动的兴趣和责任感。

面向未来，我们应当以他山之石可以攻玉之心态将其融入中国的生态美育实践中，鼓励艺术家、教育者、科学家、政策制定者以及公众共同参与到生态美育的实践中来，探索生态美育的新路径，在中国乃至全球范围内，通过艺术的力量，为应对气候变化做出积极贡献。这不仅是一项艺术上的探索，更是一场关乎人类未来的伟大实践。

水系成都

——20世纪90年代以来的生态艺术

文/丁奋起

大约2300年前，司马迁曾游历西蜀的岷山和离堆，对于蜀人治水的功绩颇为感叹，据此在《河渠书》中写下了"甚哉，水之为利害也"的记载。治水之事自古有之，成都平原也因水而利。这里的水利有两个层面的含义：一是水的便利所带来的利益，二是水的失控所导致的利害关系。古蜀先民择水而居，因势利导而"三年成都"，"门泊东吴万里船"的浩然之气将"扬一益二"的气度尽显，都江堰灌区的川西上五县（温、郫、崇、新、灌）滋养着一方人民，生于斯长于斯游于斯的艺术家以水为创作语境或智性来源，透过艺术参与及互动，找寻城市水系的起源，探索与时代偕行的本真。历史上类似《河渠书》与成都水系有关的著述、诗篇、华文巨著还有很多，耳熟能详者举不胜数。这些关于成都城市建设与本土水系历史关联的美好记忆，反映了一种朴素的人类共情：即伴

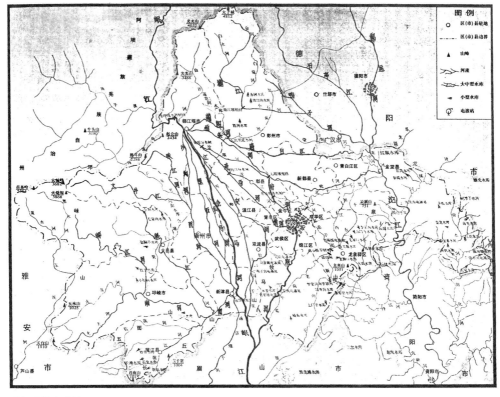

成都平原水系图

随亲水、乐水体验而来的柔性愉悦。

1987 年开春以来，成都发生了严重干旱，岷江水量大幅下降，沱江濒临断流的险境，水源的几近枯竭令当年五分之一的水稻无法插秧而改种旱作，旱情最为严重的金堂县在 6 月 25 日发布了抗旱总动员。不曾料想 6 月 26 日洪水来袭，全县紧急转入防洪抢险的尴尬境地。随着人口增加和城市的扩容，成都水系和水质发生了明显的变化，令人担忧的变化体现在城市空间内外两个层面：二环内的河道水域（方池、王家塘、小河街、水碾河、金河路、下莲池街、摩珂池……）因各种原因消失，如今只能通过地名来追忆彼时残存的繁华气象，现有河道由于滩涂被占用、修筑河堤，或用于城市建设用地，导致城市地表面在感官上陡然增高，城市肌理上的水域特色也几近消失，亲水变得越来越困难。另外，绕城外的大型人工湖（青龙湖、东安湖、白鹭湾、锦城湖、兴隆湖、永安湖……）蓄水扩建，城市水系在去自然化的过程中伴生出了另一个似乎更棘手的问题，即水资源的被集约化，甚至是过度的人为干预。例如麓湖生态城的水源，便是通过人工管道从都江堰输送而来。

1. 成都平原水系

关注这些问题的不只是政府和参与城市管理的技术官员，知识分子参与积极且从不落于人后。文学、诗歌、曲艺等形式的著述甚多，艺术家也续接了知识分子对于成都水系关怀热爱的文脉，创作了大量的以水为主题、以水为媒介的艺术作品。艺术家对于成都水质以及环保主题的关注，最早见于 1995 年夏天的行为艺术活动：水的保卫者。此前的 1985 年龙江路小学的学生给市长的一封信，发起了"拯救母亲河锦江"的序言，而落幕处正是 1996 年另一个与公共艺术关联密切的项目：活水公园。在此之前的成都水质污染和水系的破败，已经到了不得不治理的窘迫境地。府南河臭气熏天、河流滩涂消失代之以水泥堤坝，塑料气垫拦河坝，本土鱼类消失……

"活水公园"和"水的保卫者"两个艺术项目无论从策划组织、参与实施、媒体关注、市民互动都有着微妙的学术逻辑和密不可分的历史关联。20 世纪 90 年代的中国社会各界关于"环保"的概念还比较模糊，环境保护的意识也比较淡薄，但成都艺术家（戴光郁、刘成英、曾循、余极、尹晓峰、朱罡、张华、周斌等），学者查常平、批评家陈默、地方美术史研究者张颖川等，最先敏感到艺术与生态之间的智性关联，尤其是艺术家直觉思维导向的根源，即流体智力（Fluid Intelligence）的作用和工作训练的结果。流体在日常生活中最常见的形式便是水，幻化无形且至柔至刚，彼时无感其形，此刻顿悟其性，这也是本次展览中 8 位参展艺术家基本的创作思考所在，他们要么居住在成都（张晋、杨方伟、简丽庭、孙海力、向庆华、李胤），要么在成都创作了与水相关的作品（任前、童文敏）。

张晋的作品深耕其材料化学的知识背景，作品中"非牛顿流体"的强技术关键词，以及选择传感器、微控制器、扬声器、监控摄像头等设备来创作，一方面是他的对于科学与艺术创作"底层逻辑"的物化呈现，也是从科学家到艺术家身份双向流变的行为回溯。杨方伟的作品更多地基于艺术家生命流的个性化体验、地方知识考据以及对于本土生态田野考察三者之间的必要性联动。作品生成的背景是成都黑龙潭，此地的显而易见的自然景观与隐藏其后的权力关系，对应着作品中所选择的材料，即烧焦的木椅上的纹路肌理与几何形状的镜面不锈钢船桨，某种自然的松弛与人工的紧张之间所产生的真实扭曲力场。简丽庭出于对都市青年居所频繁搬迁的感触，热衷于装配式便携家具设计，在生活中也喜欢小酌几杯。作品《曲水流觞》借古义且又赋予作品动力装置的技术手段以及模组化生产，创作了一件可供循环回转、花式饮酒的循环动力装置作品。

任前的《取水计划》和孙海力的《洗脸——我的终生行为》均是起

张晋，从 A 到 C 观墨和水

杨方伟，穿过傍晚的黑龙潭，椅子、不锈钢装置

简丽庭，曲水流觞循环式

初即兴偶发而后持之以恒的有价值有思考的行为现场，区别在于任前比较强调每次"取水"的时间、地点以及经年累月实施之后的作品系统性建构，而孙海力的行为过程更加率性，甚至有意模糊作品的历时性而选择以黑白照片的形式展出。童文敏的作品是 2017 年参与"100 公里项目"时在成都创作的行为录像，作品将女性对身体的耐受性测试做到了接近极致，这也是贯穿她作品多年的重要的创作理念之一。

任前，取水：从这儿到那儿，为取水所做的计划　孙海力，"洗脸"终生行为之荠地九道沟
1999- 系列

童文敏，眩晕，行为录像，2007 年

　　向庆华和李胤的绘画作品同样以水为创作母题。向庆华参展的三联油画作品关注绘画语言及其基本要素（色彩、形状、笔触、结构、空间、运动感）的自醒、重构与互为的再生产关系。浅层空间是在强调绘画媒介独特的空间处理方式，从画面的构成出发，抽离出绘画作品的基本结构特征，在此基础之上又赋予点线面以象征意味。《在藏区写生》是根据一张水彩稿放大完成的，它很像作者对藏区初夏的印象。他借用董希文油画

作品《汲水的藏女》里面的图像经验进行再创作，将"汲水"作为中国艺术家反复谈论的创作主题。第三联《北斗七星》脱胎于第二联《汲水》画面结构中七个暖色的画面节点，古人把北斗七星的形状联想成舀食酒水的斗勺，而七星位居北方属水宫。

向庆华，在藏区写生，120cm×95cm，布面油画，2018 年

向庆华，景阳冈，120cm×95cm，布面油画，2018 年

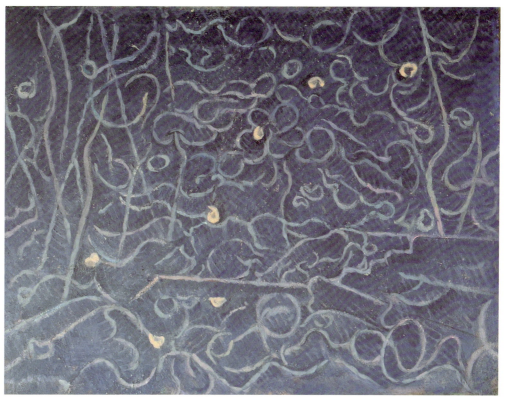

李胤，许愿，120cm×95cm，布面油画，2018 年

    李胤的作品强调"水的温柔敦厚"的感性认知，反复锤炼画面语言的连贯性表达，以及语言和图像之间自反的张力关系建构。作品所描绘的水域以及动物都源自艺术家的日常经验，有的来自工作室外的荷塘月色，有的来自成都周边的不起眼的水景。将日常化的场景赋予艺术思考和图像方式的探索，是李胤的兴趣使然。

    "水系成都：20 世纪 90 年代以来的生态艺术"展览除了以上作品参展之外，还有两个重要的生态艺术项目，即"水的保卫者"和"活水公园"的文献资料展示。"水的保卫者"源自美国艺术家贝特西·达蒙（Betsy Dammom）女士 1995 年 6 月的中国之旅，围绕"水的保卫者"活动的前期筹备中，一切的利好资源都开始聚集在成都这座城市："一位不认识的女士给我打了个电话，为我提供了资金的支持……我叫上了会说中文的儿子乔恩（Jon）……我认识的中国人都在成都……成都环保局把他们的空办公室给我们使用……成都人民非常友好，具有很强的独立思考能力，并以成都为傲。"1995 年 7 月 29 日下午，以克丽斯汀·卡斯基（美）和五位中国艺术家共同创作的作品"浣纱"，开启了活动现场的热潮，包括戴光郁的现场作品"搁置已久的水指标"等 10 余位来自

安宁系列 1、2、3，50cm×50cm，布面油画，2017 年

全国各地的行为艺术家，在成都府南河（锦江宾馆滨江公园一侧）进行了持续半个多月的行为艺术现场和装置艺术创作。结果出乎意料，包括 CCTV、《四川文化报》《成都晚报》在内的众多媒体的积极正面的报道，这一通过艺术介入和共同工作的方式参与环境改造的事件引发多方思考和主动参与，并最终对"活水公园"的创建起到了积极的推动作用。

1995 年府南河《水的保护者》活动策划人达蒙女士与参展艺术家留影，右起：戴光郁、达蒙、李继祥、朱晓峥、朱罡

戴光郁，倾听，行为作品，西藏拉萨河，1996 年

　　"活水公园"是位于成都市锦江区的一座具有水质净化功能的市政公园。公园的创建由贝特西·达蒙女士向成都市有关部门提议并最终参与公园内的公共艺术设计。该作品由达蒙和中国艺术家邓乐和沈允庆三位艺术家集体创作，是国内首个艺术介入社会现场并至今发挥重要作用的公共事件。府南河"活水公园"成为成都市一座具有国际声誉的标志性公共艺术景观，长期以来，从市民到国内外的学者、专家及政府领导人参观考察络绎不绝，1998 年荣获第十二届国际"优秀水岸奖"最高奖，国际环境设计研究会和美国"地域"杂志联合设立的环境地域设计奖，2004 年 4 月被命名为四川省环保教育基地，同年 10 月被命名为成都市环保教育基地。2010 年"活水公园系列组雕"荣获新中国城市雕塑建设成就展提名奖。

成都活水公园由美国"水的保护者（KeepersofTheWaters）"组织创始人贝特西·达蒙（BetsyDammom）女士与中、美、韩三国环境艺术家共同设计

　　以上两个参展的艺术项目保持了开放性的叙事结构以及文献资料的多样性，彼此之间并没有明显的时间或者事件的区隔，参与者也几乎是同一拨人。"水的保卫者"和"活水公园"项目的跨学科研究（艺术家）、参与式特点（受众）、可持续发展（社会需求）工作方法，具备生态艺术最核心的学术要义和普世的社会价值。

　　"水系成都"展览邀请了90年代至今，对于成都自然生态环境持续关注并创作不息的艺术家，以及在成都发生过的以成都平原水 系为研究对象或实施现场的当代艺术作品及研究性项目，这一有关生态艺术的研究性展览从三个方面的论述：第一、通过一系列严谨而忠实的对艺术家创作手稿、书信等文献、代表性作品以及相关资料的研究、分析和梳理，让人们明确地认识和理解艺术家个人系统的文化观念与生态艺术的思想关联，揭示并说明他们能够影响艺术发展的价值所在；第二、结合艺术发展的上下文关系，对在1990年来成都当代艺术史中表现出重要性的生态艺术家与他们的艺术创作给予定位分析，以便让观众了解这些艺术家的艺术工作是如何成为历史的一部分；第三、通过历史文献（图片和文本叙述）与视觉作品的内在联系，尽可能立体而饱满地、以小见大地诠释中国艺术发展的关键性片段，在不同片段的对应关系中，让今天的人们清楚认识到成都这座城市对艺术家在中国当代艺术在历史学上的价值和意义。

　　在讨论展览的学术价值之余，让我们再次将目光回归到展览的主题"水系成都"。这个关键词有两层基本含义，一是水维系着成都的城市发展与繁荣，且这种发展的结果导向是润物细无声式的繁荣，渗透至成都市民日常生活的方方面面，屡屡关联。这种亘古至今的维系类似于古典的城市发展观和史前的城市规划史；二是成都的水系变化及其后果，这种变化紧随着城市扩容以及人口加剧，对于城市有利好的因素，也有需要我们时刻警惕的问题。成都市辖区县共计20个（12个市辖区：锦江、青羊、金牛、武侯、成华、龙泉驿、青白江、新都、温江、双流、郫都、新津；5个县级市：简阳、都江堰；彭州、邛崃、崇州；3个县：金堂、大邑、蒲江），其中以水命名者又占三分之一（锦江、龙泉驿、青白江、温江、双流、新津、都江堰、蒲江，共8个），水系的自然分布和水资源的宏观治理，对于成都的工农业生产、公园城市景观营造均意义非凡。无论艺术家选择了何种媒介参与讨论成都的水系变化，水系与这座城市的必然关联以及相互影响，都为"公园城市"的壮阔理念奉献了自己的绵薄之力。

一年成聚，二年成邑，三年成都，水维系着城市的发展，水系促进了成都的繁荣，水系流动而城市恒常，成都有成人之美德。